改变，从心开始

立 品 图 书 · 自觉 · 觉他
www.tobebooks.net
出 品

转逆境为喜悦

与恐惧共处的智慧

[美] 佩玛·丘卓 著
胡因梦 译

深圳报业集团出版社
SHENZHEN PRESS GROUP PUBLISHING HOUSE

责任编辑：陈曦
装帧设计：亿点印象

图书在版编目（CIP）数据

转逆境为喜悦：与恐惧共处的智慧 /（美）丘卓著；胡因梦译．-- 深圳：深圳报业集团出版社，2013.2
ISBN 978-7-80709-511-8

Ⅰ．①转… Ⅱ．①丘… ②胡… Ⅲ．①佛教－人生哲学－通俗读物 Ⅳ．① B948-49

中国版本图书馆 CIP 数据核字 (2013) 第 011363 号

转逆境为喜悦：与恐惧共处的智慧

［美］佩玛 · 丘卓 著
胡因梦 译

深圳报业集团出版社出版发行
（518009 深圳市深南大道 6008 号）
三河市华晨印务有限公司印制 新华书店经销
2013 年 2 月第 1 版 2013 年 2 月第 1 次印刷
开本：787mm × 1092mm 1/16
印张：12.5 字数：110 千字
ISBN 978-7-80709-511-8 定价：28.00 元

承认自己的缺失

贴近那些令你厌恶的东西

帮助那些你认为无法帮助的人

放下任何一样你所执著的事物

趋向那令你惧怕的地方

——女瑜伽士玛奇·拉布钟的上师之箴言

献给十六世大宝法王，

顶果钦哲仁波切，

以及丘扬·创巴仁波切，

他们使我领会了无惧的真谛。

总序

佩玛·丘卓的智慧传承

作家、身心灵疗愈课程讲师、译者
胡因梦

多年前我移民加拿大温哥华。不列颠哥伦比亚大学附近有一家著名的灵修书店，店内人文气息浓厚，有别于其他几家商业化的新时代书局。有一天我到这家书店找书，浏览着书架上新问市的几本佛学著作，正思忖着该从哪本书下手的时候，一名加拿大女子从我身边走过，很友善地建议我务必阅读一下一位美籍比丘尼佩玛·丘卓的著作。于是我站在书架前开始翻阅她的畅销书。

看完封底作者简介，才知道佩玛·丘卓原来是创巴仁波切最杰出的大弟子之一。书中以坦诚而自在的叙述方式，剖露了作者得知丈夫有外遇时的真实心境，她说："我还记得当时感觉天空非常广阔，屋边河水潺潺，茶杯里冒着热气；时间突然停了下来，我的脑筋一片空白，里面什么都没有，只有光和无边的寂静。接着我回过神来，捡起一块石头，向他砸了过去。"

“捡起石头砸向变心的丈夫”这个意象，带给我一股原始而有力的震撼感，我很想知道这位气概激昂的女性一旦踏上道途会有什么结果？她到底想引领读者进入什么样的体悟？而她与她的精神传承结缘又是什么样的前因后果？

佩玛·丘卓本名 Deirdre Blomfield-Brown，1936 年诞生于纽约市，在康涅狄格州完成中学教育之后，进入加州大学伯克利分校深造。毕业后她分别在加州与新墨西哥州担任过多年小学老师的教职，出家前人生阅历颇为丰富。她结过婚，育有二子，后来因先生有外遇而离异，三十五岁左右在阿尔卑斯山巧遇 Chime 喇嘛，并追随这位仁波切潜修多年。1972 年佩玛在 Chime 喇嘛的鼓励之下，与她的根本上师创巴仁波切初次相会，从此坚守三昧耶誓，与仁波切展开了长达十四年的师徒共修情谊，《当生命陷落时》第二十章对个中的心境转折有十分动人的描述。

谈到创巴仁波切，这位在藏密传承中素因作风前卫大胆而备受争议的第十一世转生祖古，可以称得上是欧美人士心目中最具有影响力的精神导师之一。他早期接受的养成训练涵盖了噶举派与最古老的宁玛派传承，同时也是利美运动不分教派的支持者。

从 1959 年至 1963 年，创巴仁波切开始学习英文，接触西方人士，为日后在欧美弘法利生奠定了良好的基础。

1963年，创巴仁波切在英国友人的协助下获得一笔奖学金而前往牛津大学深造。1967年他在苏格兰创立了第一所藏传佛法静坐中心——桑耶林，1969年5月却因车祸而导致左半边身体麻痹。这个事件为他带来了清晰又充满着解放意味的心灵启示，他决定不再囿于莫测高深的僧侣形象，而选择舍戒还俗。1969年，创巴仁波切完成生平第一本英文佛学实修著作《动中修行》(*Meditation In Action*)，分别在英国及美国出版；这也是香巴拉出版社发行的第一本书籍。

次年，他与英国女子黛安娜·派碧斯成婚，并受邀前往美国科罗拉多大学教授佛法。这时桑耶林培训的一批学生已经在佛蒙特州为创巴建立了“虎尾”静坐中心，仁波切与北美的深厚因缘从此缔结。佩玛与她的根本上师就是在这个年代结识的。

创巴仁波切一生著作等身，总共出版了十四本富有时代精神的现代佛典。他最为人尊崇的才能，就是擅长以西方人的思维模式来诠释传统佛法的最高旨趣。他融通东西方哲学、宗教、心理学、艺术、戏剧等文化素材，因而摄受了众多知名文艺界人士，诗人艾伦·金斯伯格就是他的追随者之一。70年代欧美正弥漫着自我放逐式的个人主义氛围，创巴仁波切每每以出乖露丑的“脱稿演出”来勾牵这些散漫不驯的花童，打破他们在上师身上设定的完美标准。《当生命陷落时》第十六章中，佩玛对这些人的求道态度作了一段有趣的描述。

1974 年创巴仁波切在科罗拉多州建立的那洛巴学院，被超个人心理学家肯·威尔伯喻为“目前全美唯一的一所真正具有整合精神的佛学院”。

1981 年，佩玛·丘卓在十六世大宝法王亲自主持的中国显宗圆顶仪式中成为正式的尼师，并出任科罗拉多博尔德市“行动堡垒”静坐中心主任。1984 年，创巴仁波切在加拿大东岸新斯科舍省远离尘烟的一座小岛上，建立了气质朴素的甘波修道院，并指派佩玛·丘卓为首任院长，这是北美第一所为西方人建立的藏密修行寺院。

佩玛·丘卓继承了这个无惧的智慧传承，她的五本著作使她成为西方世界少数受人尊崇的女性佛教导师。佩玛凭着女性特有的细腻体察，以信手拈来、才华横溢的弘法风格，将藏密大手印直下觑透的立断智慧，融合西方心理学对内心现象的诠释技法，帮助现代人在日常生活中以激进、慈悲而又充满着幽默的无求之智，勇敢面对生命陷落时的悲苦与困窘。

但愿本书从法性自然流露的警语，能引领所有面临困境的读者，在每一个当下勇敢迈入内心那暧昧不明、无所依恃的圣境。

推荐序

圆满的情绪疗愈

（台湾）慧炬出版社社长
郑振煌

人生充满苦痛，苦痛的来源有二：一是自己的身心，二是外在的世界。因此，解除苦痛的途径就有两个，一是圆满自己的身心，二是圆满外在的世界。人类的进化都是沿着这两条路线。圆满的个体身心和整体世界，在现实人生中几乎是不可得的，于是出现宗教的理想世界，成为古往今来人类的终极目标。

在众多宗教之中，佛教是最贴近人生、最人本的。佛教唯识宗认为“一切唯心造，万法唯识观”，外在世界皆系个人心识所显现；如来藏思想更认为一切万法都源自“本来清净、本来具足、本来圆满”的佛性。因此，佛教解决痛苦的根本之道，便是“止息妄心，证悟真心”。

妄心受到无明和烦恼的熏习，暴起如四十里流，因而覆盖真心，轮回不已。佛教八万四千法门，无不在力求“止息妄心，证悟真心”。大乘佛教倡导践行菩萨道，内涵包括四无量心、六波罗密、四弘誓愿、菩提心。历来诠释菩萨道的论点甚多，寂天菩萨的《入菩萨行论》是藏传佛教最常引用者。

寂天是8世纪南印度的一位王子，在那烂陀寺出家，以中观应成派的自性空宗义撰述《学集论》、《经集论》和《入菩萨行论》，前二论批注大乘经典，《入菩萨行论》则发扬菩提心和六波罗密，自阿底峡、宗喀巴以下藏传佛教诸大师讲释者不计其数。

本书以寂天的《入菩萨行论》和阿底峡的《修心七要》为基础，配合现代情境详述如何透过自利利他解除痛苦，进而圆满佛道。该书紧扣现实人生，不啻为现代人最佳疗愈手册。您不必是佛教徒，本书不是为佛教徒而写的，而是为一切尚有苦痛的众生和世间而作的。

全书译笔流畅生动，堪称佳作，对于擅长方便说法的西藏大师，有如虎添翼之功，使曲高的菩提心和六波罗密更能和众，诚乃众生之福。

译序

令人喜悦的阅读热潮

胡因梦

《当生命陷落时》才刚出版问市，随即被金石堂书店评选为10月份的强力推荐书；3个月后，它又荣登金石堂2001年畅销书榜宗教类的榜首。这种半年内再版十几次的盛况，是我多年来翻译过的灵修书籍中少见的景象，此外，读者的种种反应也不得不让我对“佩玛·丘卓现象”产生了好奇：

一位事业受阻、经济受挫的中年企业家，近年来饱受忧郁症之苦，必须靠精神科医师所开的安眠药才能勉强入睡。自从阅读了《当生命陷落时》，他的人生观起了根本上的变化，价值观也跟着改变了，忧郁症因此不药而愈。他告诉我，现在不吃安眠药也能安然入眠了。

另一位住在加拿大温哥华的中国工程师，一向关注也精通哲学心灵方面的议题，他来信告诉我，某位住在台湾的友人寄了一本《当生命陷落时》给他。此书就像“温柔的金刚棒”，一棒打醒了他消沉多年的心，他很希望这次能醒得久一点。

记得第一次和家里的读书会成员共同阅读此书时，周遭的信息场出现了一种与昔日截然不同的氛围——祥和中带着一种凝聚的哀伤感。佩玛平实而亲切的话语，深深触动了在场女性的心。几乎不可遏止地，每一个人都被那股能量感染而涕泗横流，甚至还有人悸动得跑到浴室里呕吐。整盒的面巾纸一个晚上全被抽光了。然而在场的友人并没有谁是“生命正在陷落”的，纯粹是因为佩玛实修的深刻洞见中，蕴含了与众生的烦恼紧紧相系的悲智，她分享亲身经历过的挣扎和困窘，拉近了读者与她之间的距离。她以女性特有的敏感，将通常容易流于笼统生硬的法教，化成了信手拈来的幽默譬喻，以及对心理动力过程的细腻剖析，当然最重要的是，她为人们指出了当下立断烦恼的中道实相观，一条不找寻出口的解脱道。这些都是她的著作能够在欧美造成阅读热潮的原因。

《转逆境为喜悦》基本上仍承接着精神勇士修心的传承，但是就实修方法的解析而言，本书可以说是更深一层地以现代化的诠释技巧，翻新了藏密体系中最重要的《阿底峡修心七要》，以及寂天《入菩萨行论》中的四无量心法。

我在翻译此书的过程中，日日觉得法喜充满。一股源源不绝的爱，透过菩提心的教诲，灌溉了我和伴侣Jimmy的心田，使我们的关系更进一步地朝着心灵默契的方向拓展。

但愿每一位与此书有缘的读者，都能逐渐熟习菩提心法的修持，释放出内心深处的友爱、慈悲、喜乐与平等心，改善人我的关系。只有站在这样的基础之上，才能踮起双脚远远眺望着世界和平的朦胧愿景！

作者序

每当我授课之前，总是先带领大家许下慈悲宏愿。我希望我们都能将佛法运用在日常生活，并因此而解脱自己跟他人的痛苦。

我鼓励听众闻法时保持开放的心胸，就像孩子一样，以毫无成见的惊喜之心来看待世界。禅宗学者铃木大拙曾经说过："初学者的心中有各种可能性，专家心中的可能性却寥寥无几。"

课程结束时，我通常将功德回向给所有众生。这种向宇宙表达友爱的举动曾经被比喻成一滴泉水。如果我们将它放在烈日照射的岩石上，它很快就被蒸发了。而把它滴到大海中，它却永远不会失落。所以我们的愿望乃是将佛法用来裨益众生，而非占为己有。

此宏愿反映了我们的三项高尚准则：一开始便是良善的，中途保持良善，结尾也还是良善的。这样的准则可以应用在所有的日常活动中。无论是一天的开始、饭前或开会之前，我们都发愿敞开心胸，活出慈心与善性。接下来我们就可以进入一种追根究底的探索，诚如我的上师创巴仁波切所言："将你的人生当成一场实验。"

在每个活动结束时，不论我们的意图达成与否，我们都要念及世界各地正面临成败的其他人。但愿我们从己身的经验中所学到的事也能裨益他人。

我以同样的精神，将此准则回向给这一次的慈悲勇士禅修活动。但愿从开始到结束，参与的人都能获益；愿我们能因此有勇气趋近那些令我们恐惧的地方；愿这次禅修活动使我们的生命充满活力，让我们死无遗憾。

感谢辞

我特别要感谢下列诸君催生本书：我的师兄廷津·厄楚为我整理讲稿；塔马·埃伦塔克曾伴我渡过一些困境，是我最得力、最忠实的秘书；吉格·希姆斯是一位超凡的誊稿者；我的好友海伦·托尔寇夫提供了我最佳的写作环境；还有我多年以来的好友及编辑埃米莉·希尔伯恩·塞尔，她全心全意地投入于本书的出版，无惧地展现出精神勇士的风范。

我还要感谢其他几位在过去五年中为我誊写讲稿的诸君：米格梅·丘卓、莱恩·范德本特、尤金及海伦·塔希玛、苏珊·史特文斯、亚历克西斯·肖、比尔及艾琳·费尔、罗哈娜·格林伍德，以及芭芭拉·布劳因。

感谢索莱达·冈萨雷斯所付出的爱心。

更要深深感激净香·贝克及埃兹拉·贝达对我的影响。特别要提出的是，有关禅定的那一章，里面的观点主要是受了埃兹拉的启迪。

最后我要向我目前的导师表达最深的感恩。他们不断地指点出我的心性和我潜藏的缺失。

目录

第一章 菩提心的特质

只有用心观照才能看得正确；

生命的精髓不是肉眼可以见到的。

——圣·修伯里

我六岁左右的时候，有一位坐在艳阳下的老太太将菩提心的精要传给了我。那一天我经过她家门前时，心里感觉十分孤独、愤怒与缺乏关爱，我踢遍地上所有的东西来发泄心中的怒火。她笑着对我说："小女娃儿，千万别让生活麻木了你的心！"

就在那一刻，我领受了菩提心的精髓：我们可能被生活磨得麻木不仁，因而变得愈来愈愤慨和恐惧；我们也可能让生命经验软化我们的心，使我们更加仁慈，而且能敞开心胸面对那些令我们深感恐惧的事物。我们永远都会面临这样的抉择。

如果我们问佛陀："什么是菩提心（bodhichitta）？"他很可能告诉我们，这个名词意会起来比言传要容易多了。他可能鼓励我们从自己的生活去发现个中含意。他也可能为了诱导我们而附带说明只有菩提心才能疗愈创伤，因为菩提心能转化最顽强的心，以及最恐惧、最偏执的头脑。Chitta 的意思是“心智”、“心”或“心态”，Bodhi 则意味着“觉醒”、“证悟”或是“彻底敞开胸怀”。有时彻底敞开的菩提心又称为“心中的柔软地带”，就像裂开的伤口一样脆弱而柔嫩。它多少也等同于我们爱的能力。就算是最残酷的人也拥有这个柔软地带，就算是最凶猛的野兽也疼爱它们的子嗣，如同创巴仁波切所说的，“每个人都有自己喜爱的事物，即使是玉米薄片饼。”

菩提心有时也被视为慈悲心——与众生同悲共苦的能力。如果无法体悟到苦，我们就会继续遮蔽它，因为它令我们感到惊恐。我们会以自己的意见、偏见和谋略砌成一堵一堵的防护墙。这些防护墙都是因为深怕受伤而形成的障碍，它们会进一步因为各种情绪——愤怒、渴望、漠视、羡慕和忌妒、骄傲和自大——而变得更坚固。幸好我们心中还有这块柔软地带——我们与生俱来的爱与关怀的能力。它就像是这些墙中的裂缝一样，每当我们感到恐惧时，在重重的障碍中还有一道天然的出口。透过修行我们将学会找到这个出口，我们将学会掌握住那脆弱的一刻——关爱、感恩、孤寂、困窘、不妥——来觉醒菩提心。

有时菩提心也被模拟成破碎之心的伤口。破碎之心有时会滋生出焦虑和恐慌，或是愤怒、嫌恶和非难，但是在那坚硬的甲胄之下，却埋藏着仁慈的哀伤。透过这份仁慈的哀伤，我们和那些深深爱过的人紧紧相系。这份真诚的哀伤可以让我们领会到大悲之心。每当我们狂妄自大时，它会使我们谦卑素朴；每当我们严厉无情时，它会柔软我们的心；每当我们昏聩时，它可以让我们觉醒，并且能穿透我们的冷漠无情。如果我们能充分接纳这连绵不断的心痛，它就会变成使我们与众生连结的一份恩赐。

佛陀说我们从未出离过解脱的境界，即使是进退维谷之际，我们也没有远离那觉醒的境界。这是一个非常具有革命性的主张。即使像我们这样充满着烦恼和困惑的普通人，也拥有这个被称为菩提心的解脱之心。菩提心的温暖与开放，才是我们真实的本性及状态。即使我们的神经官能症[1]凌驾于我们的智慧之上，即使我们感到最困惑无助时，菩提心仍然像开阔的晴空一般始终存在着，并没有被暂时出现的乌云所减损。

然而我们对乌云是如此地熟悉，因此我们很可能难以相信佛陀的教诲，不过真相是，就在水深火热的痛苦中，我们仍然能触及这份高尚的菩提心。无论处于苦境或乐境，它始终能裨益我们。

一名年轻女子写信告诉我，有一次她到中东某个小镇旅行，被当地的人围堵。只因为她和她的朋友都是美国人，所以这些人对她们讪笑、叫嚣，甚至准备拿石块砸她们。她当然觉得惊恐万分，不过，一件有趣的事在她身上发生了。她

1　编者注：神经官能症是神经症的旧称，神经衰弱、焦虑症、强迫症、恐惧症等的总称。

突然和历史上每一个曾经被辱骂憎恨的人结成了一体，她终于明白那份被羞辱和怨恨的滋味是什么了：不论被怨恨的理由是出自于民族主义、不同的种族背景、不同的性取向，还是性别歧视。某个东西被敲开了，她突然以崭新的识见，同理了千千万万被迫害的人类，她甚至能理解那些憎恨她的人与她所共享的人性。这份深刻的连结感、众生一家的感觉，就是我们的菩提心。

菩提心存在于两个层次。一个层次是无量菩提心（译注：又称“胜义菩提心”），也就是脱离一切概念、意见和习染的当下体悟，那是一份无法执取的至善，就像心知肚明自己根本没有任何东西可以损失一般。第二个层次是相对菩提心（译注：又称“世俗菩提心”），也就是在面对痛苦时仍然开放心胸的一份能力。

那些全心全意觉醒无量菩提心与相对菩提心的人，就是所谓的菩萨或精神勇士——不是那些打打杀杀的战士，而是闻声救苦的和平勇士。这些男男女女心甘情愿在火宅之中进行自我锻炼，这句话意味着，精神勇士或菩萨涉入充满着挑战的情况，为的是减轻痛苦。这句话又意味着，他们心甘情愿穿透自欺和自己的惯性反应，并致力于揭露那根本而无欺的菩提心。譬如像特雷莎修女与马丁·路德·金这样的人，都可以说是杰出的精神勇士；他们发现最大的伤害其实来自于我们的侵略性，他们终其一生都在帮助别人理解这层真理。

还有许多其他的平凡人也都终身致力于开放他们的心胸，为的是帮助别人达到相同的境界。像他们一样，我们也可以学着以精神勇士的胸怀面对自己和世界。我们可以训练自己觉醒心中的爱与勇气。

培养心中的勇气和慈爱的方法，可以分为正式与非正式这两种途径。有的方法可以让我们学会欢乐、放下、关爱和潸然落泪的能力，有的方法教导我们以开放的胸怀面对变易，还有的方法能帮助我们安于当下。

不论身处何方，我们都可以将自己训练成一名精神勇士。我们的工具就是禅定、友爱、慈悲、喜乐和平等心。透过这些训练，我们才能揭示那个被称为菩提心的柔软地带。我们往往在痛苦与感恩中发现那份柔软之心。我们会在盛怒的背后发现它，在恐惧的战栗中找到它。在孤寂或友爱的情境中，它都能带来裨益。

我们之中有许多人偏好那些舒服的修行方式，而同时又想被治愈，但是菩提心的修炼不能以这种方式来进行。精神勇士很清楚我们永远不知道下一刻会发生什么事。我们总想掌控那些无法被掌控的情况，我们一直在追寻安全感，希望凡事都能被料中，永远活得舒适而安然无恙。但真相却是：我们始终无法逃避世事的多变。未知乃是这场冒险之旅的一部分，也是让我们害怕的危险地带。

菩提心的修炼绝不承诺快乐的结局，不过，这个总想找到安全感的“我”——它总想抓住某个东西——却因为这场训练而终于长大成人。精神勇士的修炼最重要的主题就是要学会面对痛苦，而不是企图逃避恐惧和不确定感。然而，我们要如何才能面对困境，面对自己的情绪，面对日常生活不可预测的各种情况?

我们时常像一只胆怯的小鸟不敢离巢一步，成天窝在这个臭气熏天、失效已久的巢中。没有人来喂养我们，也没有人来保护我们，让我们得到温暖。不过我们还是希望母鸟能够回巢。

这时我们可以为自己做一件最有益的事，那就是赶快飞出巢外。要做到这一点，显然是需要勇气的。我们显然也需要一些指引，也许我们会怀疑自己能否通过这场精神勇士的训练，这时不妨问自己一个问题：“我想不想以成年人的心态直接面对人生，还是只想在恐惧中终老？”

众生都有能力感觉到自己的柔软——柔软地经验自己的心碎、痛苦和不确定感，因此我们都拥有早已解脱的那份菩提心了。

菩提心真的能激发这么大的力量，不论顺境或逆境，它都能带给我们启发和支持，那就像是发现了自己早已拥有的智慧和勇气一般。如同炼金术能将任何金属变成黄金，如果我们愿意的话，菩提心也能将我们的身、口、意转化成觉醒智慧的工具。

第二章 探入泉源

每个人都是我们所谓的“宇宙”的一部分，而这一部分是受到时空限制的。他所经验到的自己，包括自己的思想和感受，就像是跟整体宇宙分开的——一种意识上的幻觉。这份幻觉犹如一座牢笼，把我们局限在个人欲望和对周遭最亲近之人的温情中。我们的任务就是要从这座牢笼中解放出来，借着理解和慈悲的拓展，我们将拥抱所有的创造物以及美不胜收的大自然。

——爱因斯坦

当我们为甘波修道院打地基的时候，一挖到磐岩便裂了一条缝。一分钟后泉水涌了出来。一个小时之后，水流得愈来愈猛，而裂缝也愈来愈宽。

发现最根本的菩提心，就像探入暂时被封闭在岩块中的泉水一般。每当我们触及到痛苦的核心，或是禅坐时觉得浑身不舒服却不试图调整自己，或者面对亲人的背叛和反对时，能够让那份痛苦软化我们的心，这些都是我们和菩提心连结的宝贵时刻。

探入那令人战栗而又柔软的地带，富有一种转化自我的效果。处在这样的情境中我们会感到烦躁不安，却又如释重负。但如果能安住在那种情境中，即使是须臾片刻，感觉上也像是真的在善待自己了。与自己的恐惧和解是需要一些勇气的，当然，这么做有点违反自保的本能，不过这正是我们需要达到的行持功夫。

面对困境我们会感到哭笑不得，就在这个时刻，我们仍然拥有源源不绝的智慧和爱心，然而不明就里的我们，往往为了保护自己免于受伤而将其掩盖了。虽然我们都有潜力体验彩蝶般的自由飞舞，却宁愿躲在狭小而恐怖的自我之茧中。

某位友人告诉我她年迈的双亲住在佛罗里达州的情况。他们住的那一区有许多穷困的人，经常发生暴力事件。二老的对策就是搬进一个有警察守卫、门禁森严的小区，他们显然不希望有恐怖的东西侵入。不幸的是，我朋友的父母愈来愈不敢跨出小区一步，他们很想到海滩走走，或是打打高尔夫，可是却吓得不敢动弹。现在他们虽然雇了一个人帮忙采购日用品，但是不安全的感觉愈来愈强烈。最近他们连谁能进出小区都感到忧心，包括那些水电工人和安装铅管的工人在内。他们把自己孤立起来，再也无法面对这个不可预测的世界了。自我的运作也可依此类推。

诚如爱因斯坦所言，我们误以为自己与众生是分离的，这个不幸的幻觉竟然演变成了我们的牢笼。更可悲的是，我们已经不敢相信自己还有解脱的可能了。每当障碍临头时，我们根本束手无策。我们需要一些事先的警告，熟悉一下围墙倒塌时的滋味。我们需要有人提醒我们，恐惧和战栗总是伴随着成长而来，放下担忧是需要一些勇气的。如果不能慈悲地探索自我的运作，你将无法勇敢地进入那令我们恐惧的地带。因此我们应该问问自己：“每当我感觉自己束手无策时，该怎么办？我要到哪儿去找寻勇气？我到底能信赖什么东西？”

佛陀告诉我们伸缩性和开放度能带来力量，逃离无依无恃的状态却会导致痛苦，使我们软弱无能。然而我们是否明白，**关键就在认清那逃避的过程？**抗拒内心的恐惧是无法让我们开放心胸的，**我们必须认清恐惧的真相。**

与其拿一把巨大的锤子敲打那堵围墙和藩篱，不如全神贯注地观察它们。我们应该摸一摸它们，闻一闻它们，和它们深度交流一番。我们应该开始深入地认识内心的厌恶和渴望，这样我们就会愈来愈熟悉我们用来砌墙的那些谋略和信念：我是用什么样的故事来说服自己的？我排斥的是什么，吸引我的又是什么？如此自忖，我们就会对内心的活动开始感到好奇。我们将不再肤浅地论断是非，而只是尽量客观地看待自己。我们开始学会幽默地观察自己，而不至于过度紧张、严肃或者假道学。年复一年，我们训练自己对心中生起的活动保持开放和接纳。慢慢地，非常缓慢地，墙中的裂缝似乎拓宽了，犹如神奇的魔法一般，菩提心泉开始源源不绝地涌出。

在释放菩提心的过程中，我们所遵循的教诲和“唯物三王”有关。我们透过三王的活动来避开这多变而无法逆料的世界，我们利用三王的谋略供给自己如幻的安全感。因此，有关三王的教诲可以使我们熟悉自我的谋略，并认清我们是如何不断地追求舒服安适，而其实只是在强化自己的恐惧罢了。

“唯物三王”中的第一王就是所谓的“身王”。它象征着我们追求安全立足点的方式。因此我们应该开始注意自己逃避问题的方法。如果感到焦虑和沮丧，或是无聊和孤独，我会做些什么？“血拼治疗”是不是我经常采用的方法？还是会选择酒精或食物来安慰自己？我会不会利用性爱或药物替自己打气，或是进行一场刺激的冒险活动？我是不是宁愿遁入大自然的美景中，或是躲进赏心悦目的好书里？我们会不会借着打电话来填满心中的空虚，或者上网浏览一番，或者紧盯着电视不放？

上述的这些方法之中，有些是具有危险性的，有些是滑稽的，有些则是相当温和的。重点是，我们很可能误用其中任何一种活动来逃避不安之感。一旦上了“身王”之瘾，便种下了更多增加痛苦的原因。不论我们多么努力，都不可能拥有持久的满足感。**逃避倾向只会削弱内在的力量。**

“身王”所造成的痛苦，传统上通常以老鼠被捕作为比喻，因为它们无法抗拒奶酪的引诱。一位高僧在这个比喻上动了一些有趣的手脚。他说他早年在西藏很喜欢抓老鼠，不过他并不是想杀它们，而是想看看自己是不是比它们高明一些。他说西藏的老鼠显然比一般的老鼠聪明多了，因为他始终没捉到过一只。后来它们反而成了他学习解脱的典范。他觉得那些老鼠和我们大部分人都不一样，它们竟然发现最善待自己的方式，就是避开奶酪所带来的短暂快乐，而换得继续活下去的愉悦。他鼓励我们要以老鼠为师。

无论陷得有多深，我们通常都不会对自己的反应感到好奇。我们无法自然而然地探索自我的谋略。大部分人只是盲目地寻找自己所熟悉的慰藉，并且对自己的不知足感到莫名其妙。菩提心的修炼之中，最根本的方法就是留意自己的一言一行。我们只是不带任何批判地对自己心中的反应进行友善的观察。终有一天我们会决定不再以旧有的方式伤害自己了。

第二个“唯物之王”就是所谓的“语王”。“语王”象征着我们总是以各种信念所制造的幻觉，来确立实相的本质乃是固定不变的。任何一种“主义”——政治上的、生态上的、哲学上的或是精神上的——都可能被我们如此误用。譬如“策略上的得体性”就是“语王”的运作之一。我们一旦深信自己的观点才是得体的，器量就会变得非常狭窄，而且会厌恶别人的缺失。

举例而言，如果有人质疑我们对执政党所抱持的信念，我们会做何反应？如果有人不赞同我们对同性恋、女性主义或环保议题的主张，我们是什么感觉？自己对抽烟、饮酒的观念遭受挑战时，内心的反应又是什么？我们所坚信不移的宗教信仰如果无法与人分享，我们会怎么样？

刚开始修行的人时常对打坐或佛法抱持过度热衷的态度。我们觉得加入一个新的团体或接受一种新的观点，是非常开心的事。然而，我们会不会因此而批判那些有着不同看法的人？如果有人不信轮回，我们会不会因此而封闭住自己的心？

因此问题并不在信念的本身，而在于我们如何利用它们来获得优势，如何利用它们来讨好自己、驳倒别人，如何利用它们来逃避那份“自己是无知的”的不安感。这使我联想起上世纪60年代的一位友人，他最热衷的事就是反抗所有的不公不义。每当某种冲突即将获得和解时，他就会进入一种低沉的状态。如果新的暴动又兴起了，他立刻变得精神焕发。

贾维斯·杰伊·马斯特斯是我的一位朋友，他是佛教徒，也是一个死刑犯。他写了一本书，书名是《寻找解脱》(*Find Freedom*)。他在书中告诉了我们一则被“语王”引诱的故事。

有一天晚上他坐在自己的床上看书，隔壁的邻居奥玛突然大叫：“嘿！贾维斯！赶快转到第七台。”贾维斯的电视当时只有画面，没有声音，他看到一群怒气腾腾的人正在挥拳抗议。于是他问道：“喂！奥玛！到底发生了什么事？”他的邻居回答他：“这些都是三K党，贾维斯，他们正在大骂一切的问题都是黑人和犹太人搞出来的！”

几分钟后，奥玛又大叫着说：“嘿！快看现在的实时新闻。”贾维斯抬头一看，电视上正播出一群举着标语牌游行示威的人遭到了警察的逮捕。他嚷嚷着：“看得出来这些人非常愤怒，他们到底是为了什么啊？”奥玛说道：“贾维斯，他们是一群环保人士！他们要求政府停止砍伐森林，停止猎海豹和其他的动物。你看看那个对着麦克风咆哮的女人和那些大吼大叫的人！”

十分钟后奥玛又嚷嚷了，“嘿！贾维斯！你还有没有在看电视啊？你看见现在的画面没有？”贾维斯抬头一瞧，有许多西装革履的人正在喧嚣着，于是他说：“这些家伙又在搞什么名堂？”奥玛回答道：“贾维斯！那是美国总统和国会大佬们，他们正在上全国联播节目。你看看，每个家伙都想说服群众，经济不景气全是别人的错。”

贾维斯又说话了：“唉！奥玛！今天晚上我真的学到了一些有趣的东西。不论他们穿的是三 K 党的外衣，环保人士的行头，还是昂贵的西装，这一张张的脸都带着同样的怒气。”

一旦被“语王”所掳获，我们就会开始坚信自己的感觉是千真万确的。因此，我们如果发现自己变得想当然地愤怒，那就表示有点过头了；我们改变现状的能力已经受到了阻碍。信仰和理想也是另一种造就铜墙铁壁的方式。

第三种“唯物之王”——也就是“意王”——很善于运用最微细、最有魅力的谋略。每当我们企图躲避不安的感觉时，我们就会寻求某种特殊的心态，这时“意王”便开始活动了。我们往往以同样的心态嗑药，以同样的心态从事体育活动，我们甚至会利用爱情、利用灵修来逃避不安。各式各样的方式都会改变我们的心态，而我们总是对某些特殊的心态上瘾。

摆脱日常琐事是一种很棒的感觉。我们总想拥有更多这类的感觉。譬如，刚开始练静坐的人，经常希望他们能因此而转化生命中的痛苦。如果你要他们平等地接纳无聊与至乐，他们一定会觉得很扫兴。

有的时候，突如其来地，人们会经验到一些惊人的境界。最近有一位律师告诉我，她在街角等红绿灯时，一件不可思议的事发生了。她的身体突然扩张到宇宙那么大，她本能地感觉自己和宇宙根本是一体的。她完全不怀疑这件事的真实性。以前的假设完全被推翻了，她知道她和万物从未分离过。

不用说，那一次的经验撼动了她以往的信念，令她开始质疑我们为何要浪费这么多时间捍卫我们私有的领土。她开始明白这种窘境如何导致了全球的战争和暴力。当她开始执著于那个经验，并且还想重复时，问题就来了。凡俗的观点不再能满足她，她只感觉苦恼与失落。她觉得如果再也无法回到那变换的意识状态，她很快就会死亡。

20 世纪 60 年代时，我认识许多每天嗑迷幻药的人，他们真的相信自己能一直维持那种 high 的状态。最后他们却炸掉了自己的脑袋。我还认识一些对爱情上瘾的男男女女，如同情圣唐璜一般，他们简直无法忍受爱情的光辉消退的感觉；他们永远在寻找新的恋人。

即使高峰经验为我们揭露了真理，让我们明白了修炼的目的，但是从根本上来看，这些经验并没什么大不了。如果无法将它们融入于生活的起起伏伏中，而对它们产生了执著，它们就会阻碍我们的修行。就算我们相信这些经验是真实不虚的，我们仍然得学会跟邻居和睦相处，然后生活中才能充满着深刻的洞见。12 世纪的西藏瑜伽士密勒日巴听到弟子冈波巴的高峰经验时，只说了一句话："这些经验不好也不坏。继续打坐。"这些经验的本身并不是问题所在，麻烦就出在我们会对它们上瘾。既然升扬之后必定下降，一旦皈依了"意王"，失落就在所难免了。

每个人都拥有逃避生活的惯性伎俩。简而言之，这就是"唯物三王"的教诲。这个简明的教诲就像每个人的自传一般地真实。每当我们运用"三王"的谋略时，便无法享受平凡时刻中的惊喜与温馨了。**与菩提心连结其实是很平常的事。**

只要不逃避日常生活的不确定感，就能够和菩提心产生连结。那是一股自然涌现的力量，它是根本无法被制止的。只要不再用自我的谋略来阻碍它，菩提心泉将源源不绝地涌出。我们也许会减缓它的流量，我们也许会封住它的出口，但是只要有一道裂缝，菩提心泉终究会一涌而出，就像人行道旁的小花和野草，只要有一点缝隙，它们一定会钻出头来，欣欣向荣地活着。

第三章 人生基本的事实

假如我们能认清昨日已远而今日又是崭新的一天，我们面对人生的态度一定会截然不同。生活的每时每刻都在变化，如果不再观察这些变化，我们就看不到事物的新意了。

——吉噶·康楚仁波切

佛陀认为人生有三种特质：无常、苦与无我。在佛陀的眼中，众生身上都烙有这三种印记。从自己的经验去发现这些特质的真实性，可以帮助我们轻松如实地面对事情的真相。

第一次听闻这个教诲时，我觉得这只是一个遥不可及的理论。然而一旦开始留意自己身心的活动，先前的观念就改变了。我从自己的经验中发现，没有一样事物是静止不变的。我的情绪就像气候一般不断在变化着。我无法掌控思想和情感的发生，也无法让它们停止不动。它们停止了之后又会继续活动，活动了一会儿又停了下来。即使是最顽强的肉体疼痛感，只要一被注意到，也像潮汐一般随时在变化着。

我非常感激佛陀为我们指出，人类终身奋力对治的问题不过是一些平常而普通的经验罢了。人生“确实”是不断在起起伏伏的。人或各种情况都无法预料，其他的事物也是如此。不论是圣人、罪人、赢家或输家，每个人都清楚一旦碰到己所不欲的事物有多么痛苦。因此我很感激有人看到并指出了下面这个真相，那就是，人生绝不会因为我们无力正当行事，便能免于上述的苦恼。

没有任何事物是静止或固定不变的，凡事皆无常乃是人生的第一印记。这就是事物最平常的状态。万事万物都在过程中。每一棵树，每一根小草，所有的动物、人类、建筑物，有情与无情众生，时时刻刻都在改变。我们不需要成为神秘主义者或是物理学家，才能明白这层真理。然而在个人经验的层次上，我们却一再抗拒这个基本的事实。因为它意味着人生无法永远顺我们的心。它意味着有得必有失，而我们并不喜欢这项事实。

有一段时期我的工作和住家都产生了变化。我觉得不安、不确定，有点无依无恃的感觉。为了想得到创巴仁波切的帮助，我向他抱怨自己不太能适应这段过渡期。他面无表情地看了我一眼，然后说道："我们永远都活在过渡期中。"接着他说道："如果你能轻松地面对它，就没问题了。"

我们要知道一切都是无常的，凡事都会耗尽。虽然我们可以理解这层真理，但是在情感上却对它有一种根深蒂固的厌恶感。我们要的是永恒，我们期待永恒不变。我们自然的本能就是追求安全感，并且深信自己总能找到它。**在日常生活的层次上，我们往往把无常经验成挫折。**我们利用日常的活动来遮蔽各种情况中的暧昧性，并且消耗了大量的精力来抵挡无常与死亡。我们不喜欢自己的身材走样。我们不喜欢自己年华老去。我们害怕皱纹和下垂的肌肤。我们不断地涂抹着美容用品，就好像真的相信自己的头发、皮肤、眼睛和牙齿可以奇迹般地逃脱无常的定律。

佛法启发我们摆脱这种受限的生活方式。它鼓励我们逐渐学会放松，并且全心全意地领会这既平常又显而易见的真相。认清这个真相并不意味着总是看到人生的阴暗面，而是意味着开始去理解我们并不是唯一无法好整以暇的人。我们将不再相信有人可以躲开那份不确定感。

人生的第二个印记就是无我。身为人类，我们和其他的万物一样无常：身上的每一个细胞随时都在变化，思想和情绪也不停地生灭。如果我们认为自己是能干的或是无望的——我们的根据到底是什么？是不是一闪而逝的刹那？还是昔日的成就或挫败？我们执著于自我的顽强概念，并因此而行动不良。没有任何的人或事是固定不变的。把无常的真理看成解脱的源头，或是令人恐惧的焦虑之源，这两种不同的对待方式将造成截然不同的后果。日积月累的结果到底助长了痛苦，还是增加了喜乐，这才是问题所在。

有时无我又称为“没有自我”。这样的观念很容易被误解。佛陀的原意并不是说我们就消失不见了——或是从此丧失了个性。一位学员曾经问道：“无我的体悟会不会让人生变得灰蒙蒙的？”但事实并非如此。佛陀想要阐明的是，我们误以为自我是坚实存在的，而自己和他人是分离的，这样的概念的限制性真是令人痛惜。我们绝对有可能穿透生活中的剧情，不再坚信自己所扮演的角色。**我们往往把自己看得太严重，认为自己太重要了，这才是问题所在。**我们总是合理化自己的烦恼，甚至合理化自己对自己的中伤，或是总感觉自己比别人聪明。自我重要感其实会伤到自己，把自己局限在好恶的狭窄世界中，最后的结果是，我们对自己和周遭的世界感到乏味透顶，永远也得不到满足了。

所以我们只有两种选择：或者开始质疑信念，或者毫不质疑。如果不接受自己对实相所抱持的版本，就必须开始向它们挑战。根据佛法的观点来看，训练自己保持开放和好奇——消解信念和假设——是最能善用人生的一种方式。

一旦学会觉醒菩提心，就是在滋养心灵的韧性了。以最普通的话来说，“无我”乃是一种富有伸缩性的存在感。它往往显示出好奇、适应力、幽默感和游戏三昧。那是一种对未知感到放松的能力，它并不想把每一件事都弄明白，也完全不确定自己是谁——或者别人是谁。

某位男士的儿子在战场上身亡了。做父亲的听到消息之后伤心欲绝，他把自己闷在屋子里达三个星期之久，不肯接受任何人的关心或支持。第四个星期，儿子回家了。村民看见这个男孩竟然还活着，都激动得落下泪来。大家喜出望外地陪着这名年轻人回家看望爸爸。年轻人一边敲门，一边高喊着：“爸爸！我回来了。”但是老爹就是不肯回应。村民接着也喊道:“你儿子回来了，他没有死啊！”然而老爹还是不肯应门。他哀号着:“走开！我要自个儿伤心！你们别想骗我，我知道我儿子永远不会回来了。”

我们其实也像他一样。我们对自己是谁、别人是谁，总是非常决断地认定了，这种态度令我们盲目闭塞。即使我们听到了其他有关实相的版本，我们固执的观点还是会让我们拒绝接纳它。

然而这短暂的一生我们到底要如何度过？我们是否还想加强那早已技艺精良的抗争无常的能力，或是要训练自己放下？我们是否仍想顽强地执著于“我就是这副模样，而你就是那副德性”，或者愿意超越那狭隘的心胸？我们能不能训练自己成为一名精神勇士，致力于重新连结那股与生俱来的伸缩性，并且帮助别人也做到这一点？如果朝着这个方向前进，无限的可能性将因此而展开。

有关“无我”的教诲揭露了人类活力四射而又多变的本质。我们的这副肉身从未感受过它当下所能感觉的一切。我们这副头脑中的念头虽然重复再三，但也可能永远不再出现了。我们口里也许说道“人生真是奇妙”，可是心中却不认为它是奇妙的；我们觉得生活令人焦虑不安，并急于找到立足之地。**佛陀宽大地为人类指出了另一个方向。**我们并不是真的陷入了成者、败者或任何一种身份中，我们也不是别人眼中的那个人或是自己眼中的那个人。每一刹那都是独一无二的，未知的，彻底新鲜的。就精神勇士的训练而言，**“无我”乃是喜悦的肇因，而非恐惧的由来。**

人生的第三个印记就是苦或不知足。铃木大拙（Suzuki Roshi）曾经说过，只有通过一连串的愉快及不愉快的考验，才能获得真正的力量。接纳痛苦乃是与生俱来的，活出这份体悟，就是在为快乐创造必要的条件。

简而言之，如果反抗“无常与死亡”这个崇高而不可辩驳的真理，我们一定会受苦。**受苦并不是因为我们恶劣或应该被惩罚，而是因为产生了三种不幸的误解。**

第一种误解是：期待永远在变易的事物，能够被料中和掌控。我们生来就有一种渴望，想要获得安全感和解决所有的问题，它左右了我们的思想、言语和行动。我们就像船沉了之后在水面上挣扎的人。宇宙那充满着活力的能流，根本无法被墨守成规的心灵所接受。我们的偏见和各种瘾头，都是因为害怕那流放不羁的世界而形成的惯性模式。因为将永远在变化的事物视为永恒，所以才感到痛苦。

第二种误解是：我们更进一步地将自己视为一个和万物分离的生命，就好像有一个固定不变的身份似的，然而真正的状态其实是无我的。我们不但坚持要成为某某人，还要成为重要人物。我们从自己有价值或无价值的定义中获得自己想要的安全感。我们浪费了宝贵的时光来夸大、美化或轻视自己，并且志得意满地保证：没错，这就是我。我们将自己存在的开放性——每一个刹那与生俱来的惊喜和意外——扭曲成一个无可辩驳的自我。因为这份误解，所以感到痛苦。

第三种误解是：我们总是在不恰当的地方寻找快乐。佛陀称此种习惯为“错把痛苦当成快乐”，就像飞蛾扑火一般。我们心知肚明，飞蛾绝不是唯一为了找寻短暂慰藉，最后却毁掉自己的生物。以我们寻找快乐的方式来看，我们和那些借酒消愁的酗酒者，或是靠毒品减轻痛苦的吸毒者，在本质上又有什么不同？

一位永远在节食减肥的朋友告诉我，如果我们的上瘾症得不到暂时的慰藉，佛法所说的一切一定会比较容易奉行。因为我们可以得到短暂的满足，所以才不断地上钩。重复寻求短暂的满足，追求各种瘾头——有的还算温和，有的则具有杀伤力——会继续强化制造痛苦的行为模式，强化不良的习性。这么一来，我们将愈来愈无法安住，即使是最短暂的不舒服或不愉快都无法面对。我们会习以为常地找寻某样东西来纾解当下的不安。一开始只是一种能量上的改变——胃部有点紧缩，心里生起一股隐微的、几乎无法察觉的不祥感——最后全面提升为上瘾症。我们就是透过这种方式来预测人生的。我们错把导致痛苦的事当成了会带来快乐的事，因此一再地陷入让不满足感不断升级的习性中。以佛教的说法，这个恶性循环就是轮回。

每当我开始怀疑自己是否能安住在无常、苦和无我时，只要一想到创巴仁波切所说的“冷、热的觉受都是无法医治的”，我的精神就会感到振奋。人生基本的事实是无药可医的。

三法印的教诲可以促使我们不再抗争实相的本质。**我们不再因为趋乐避苦而伤害自己跟别人，终于放松地全然活在当下这一刻。**

第四章 学习安住

禅定训练可以被视为克服世间争战的良策，甚至上策：包括我们心中的争战以及世界性的战争。

——创巴仁波切

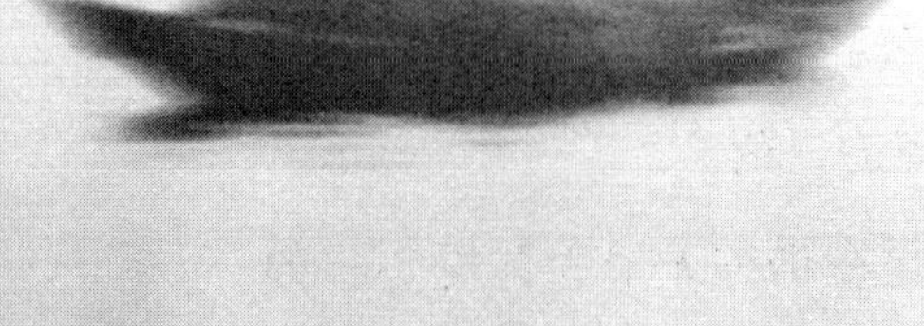

身为生物世界的一员，切莫小觑自己对不舒适感的低耐受性。学习与自己的软弱共处，是我们可以善加利用的新讯息。坐禅乃是学习这项能力的一种后援。坐禅有时被称为正念觉察训练，它也是培养菩提心的一种基础练习。它是精神勇士或菩萨的天然宝座。坐禅能培养友爱与慈悲，而它们都是与菩提心相关的品质。坐禅能让我们贴近自己的思想和情绪，觉知到自己的身体。这个方法可以培养对自己无条件的友爱，让我们不再以漠视的态度逃避别人的痛苦。透过这个媒介，我们将学会做一个真正有爱心的人。

坐禅可以使我们逐渐发现内心喋喋不休的对谈是有空档的。就在我们和自己持续不断的对话中，会突然经验到妄念的停歇，如同大梦初醒一般。我们发现自己原来是有能力放松的，而且可以安住在本有的清明开阔的觉知中。我们突然经验到当下那单纯、直接而又无碍的一刻。

回到当下这一刻的经验，就是在训练无量的菩提心。如果能安住于当下，我们就愈来愈能深入内心的无限维度。感觉上就像跨出了一个想象的世界，发现了真理的本身。

然而这并不保证坐禅就一定能带来帮助。我们可能坐了许多年也无法穿透内心的活动。我们可能靠坐禅来强化自己错误的信念：坐禅可以让我们感到舒适；它会圆满我们的愿望，去除内心的恐惧。会产生这些想法，是因为我们没有正确地理解坐禅的目的。

为什么要坐禅？这是首先需要厘清的问题。还有就是，为什么要和自己独处？

其实坐禅并不仅仅是为了通体舒畅，这么想是注定要失败的。我们会一上座就怀疑自己做错了：即使是最沉稳的禅定高手，也会经验心理与生理的痛楚。坐禅能呈现出我们的真相，包括困惑与清明。这种彻底接纳自己的态度——单纯而直接地面对自己——就是所谓的友爱。

企图对治自己并不是很有益的做法，因为其中暗示着挣扎与自贬。自贬可能是遮蔽菩提心最主要的方式了。

不企图改变自己，是否意味着愤怒和上瘾症会一直持续到咽气的那一天？这是一个颇为合理的问题。从长远来看，企图改变自己是行不通的，因为那其实是在排斥自己的能量。自我改进只能出现暂时的效果，至于长期的转化，只有在学会礼敬自己就是慈悲与智慧之源时才会出现。如同公元 8 世纪的佛教导师寂天所言，人类就像是在一堆垃圾中寻宝的盲人。在我们厌恶和恐惧的事物中，在那些我们想要抛弃的东西中，我们将发现温暖与清明的菩提心。

一旦开始放松地与自己共处，坐禅就变成了自我转化的过程。只有不说教、不严酷、不自欺地面对自己，才能放下那些有害的习性。缺少了友爱，弃绝旧有习性的过程往往会变成一种自虐。这是非常重要的一点。

坐禅要培养的四种友爱的素养如下：定力、洞察力、体验情绪的烦扰、留意当下。这些素养不但适用于坐禅，也适用于所有菩提心练习的修习，更是在日常生活中面对困境的基础训练。

定力：坐禅就是在加强面对自己时的稳定度。不论生起什么现象——骨头酸痛、乏味无聊、嗜睡或是最狂乱的念头与情绪——都要如实面对。虽然许多禅坐者都担忧这些问题，但没有人尖叫着夺门而出。反之，我们仅将这份冲动视为一种妄念，而不贴上对或错的标签。这可不是一件轻而易举的事。切莫低估我们受伤时的逃亡本能。

老师鼓励我们每天都要打坐，即使时间很短也好，为的就是要培养这份与自己共处时的定力。不论什么情况——生病或不生病、情绪好或情绪低沉、静坐的质量很好或彻底混乱——都得打坐。持续静坐下去我们才发现，原来坐禅根本和坐得正确与否或是否达到理想境界无关。重要的是我们能不能安住于当下。除非发展出对每个当下的慈悲理解，否则我们是不可能摆脱自毁模式的。

从另一个层面来看定力，它指的是单纯地活在自己的身体中。因为坐禅强调的是调心的功夫，所以很容易忘掉自己还有一副身体。静坐时必须放松身体，觉知身上的各种变化。首先从头部开始，然后花几分钟的时间觉察身体的每个部分。一旦发现有某个部分感觉酸痛或紧张，不妨深呼吸三到四次，并且保持对那个部分的注意。当你觉察到脚底时就可以停止了，但如果你喜欢的话，也可以再进行几次从头到脚的扫描。坐禅的过程中，任何时刻你都可以快速地回到对整个身体的觉知。有时候你会直接体悟到当下：你正在打坐，四周有各种声音、气味、景象或身上出现的酸痛感，而同时你也在一呼一吸。一次静坐的时段内，也许可以进行一两次全身扫描，然后再回到老师教给你的方法。

静坐中我们会发现自己与生俱来的焦虑不安。有时我们会忍不住站起来离座。有时虽然坐着，但身体局促不安，妄念纷飞。那种感觉非常不舒服，我们觉得自己几乎无法再坐下去了。然而这种感觉不但能让我们了解自己，还能了解身而为人的真相是什么：在回忆、幻想和规划出的想象世界里追求安全与舒适感。我们真的不想安住在赤裸的当下。安住在当下是不合我们胃口的事。只有靠温柔与幽默感，才有毅力安下心来。

坐禅的精要就是：安忍，安忍，只要安忍就对了。学习禅定如同训练家犬一般。如果用体罚的方式，这只狗会变得非常顺从，但是会顽固而充满着恐惧。我们只要一说“站住”“来”“滚一个”或是“坐好”，它都会乖乖地服从，不过也时而显得神经质与困惑不安。相反，如果仁慈地训练它，它就会变得信心十足而富有韧性，当情况不可测或不安全时，也不会焦虑不安。

因此每当我们心猿意马的时候，只要轻柔地鼓励自己“安忍”，然后安下心来就对了。我们目前是否正在经验不安？安忍！心很散漫？安忍！恐惧和厌恶感大得有点失控？安忍！背痛膝酸？安忍！午饭吃什么？安忍！我们现在到底在搞什么？安忍！我一分钟也忍不住了！安忍！这就是培养定力的方法。

洞察力：静坐一段时期之后，会很自然地觉得自己在退化，而不是觉醒。“没打坐以前，还觉得自己挺好的，现在却觉得心永远乱糟糟的。”“我以前从不发脾气的，怎么现在老是大光其火？”我们可能会抱怨静坐毁了我们的生活，其实这样的经验正显示出对真相看得愈来愈清楚了。夜以继日、年复一年地练习静坐，我们会变得对自己非常诚实。洞察力的另一种说法就是不再那么自欺了。

“垮掉的一代”（the Beat）的著名诗人杰克·凯鲁亚克（Jack Kerouac），一度感觉自己在灵修上已经成熟到可能有所突破了，于是在进入荒野闭关之前，写了一封信给他的好友：“如果我不能亲眼见到那‘荒凉的顶峰’，我的名字就不叫威拉姆·布莱克（Willam Blake）。”不过后来他又写了一封信承认自己很难面对赤裸的真相：“我以为六个月就可能到达巅峰……而所有的人将从眼前消退……我和神或如来将面对面，一了百了地发现存在与受苦的意义……但结果却是和自己大眼瞪小眼。既没有酒精，也没有药物，连冒充的机会都没有，只能和那可憎的、老旧的我面面相觑。”

静坐需要耐性和友爱。如果洞察的过程无法对自己友爱，静坐就会变成对自己进行侵略的过程。我们需要对自己仁慈一点，才能让心安定下来。我们要以这样的态度来处理我们的情绪。我们要以这样的态度来安住于当下。

坐禅时老师要我们以特定的姿势坐在蒲团上或椅子上。接着老师要我们把心安住于当下，觉察自己呼出的气息。如果心随着妄念飘走了，老师要我们不带任何批判或苛求，单纯地认知那只是一个“妄念”罢了，然后再回来觉察自己呼出的气息。就是要如此训练自己不断地回到当下这一刻。

在静坐的过程中，我们的困惑、慌乱和无明会开始转化成洞见。“妄念”成了“如实见到”的一句密码，这里所指的妄念包含了内心的困惑，也包含了能够见到困惑的那一份洞察。因此我们并不是要去除妄念，反之，我们会清楚地觉察到自己的防卫机制，觉察到我们对自己、对自己的欲望和期许之中的负面信念；同时也会看到自己的友爱、勇气与智慧。

持之以恒地练习正念觉察，就再也无法逃避自己了。我们清楚地见到自己树立了一些藩篱，来防止自己赤裸裸地经验内心的真相。虽然仍旧会发现自己为了安全与舒适的理由而树立起藩篱，但是我们已经开始察觉它们所带来的限制。

这份类似幽闭恐惧症的感觉对精神勇士而言是相当重要的经验。它显示出我们对自己那熟悉而又狭隘的世界已经产生了想要改变的渴望。我们开始寻找通风口。我们想要消解自己和他人之间的障碍。

体验情绪的烦扰：许多人，包括长期修行的人，都可能利用坐禅来逃避情绪上的困扰。我们也可能误用“妄念”这样的标签来摆脱负面的情绪。老师即使提醒无数次，要我们对所有生起的情绪保持开放，我们仍然会利用坐禅来压抑它们。因此必须一步一步地、年复一年地练习面对自己的情绪烦扰，而不带有任何的批判或借口，才能产生真正的转化。

创巴仁波切把情绪描述成“自然存在的能量跟思维的组合”。如果少掉了内心喋喋不休的谈话，情绪就滋生不出来了。如果刚坐下来静坐时心中正在生气，老师会教导我们把心中的念头冠上“妄念”的标签，然后随它们去。然而这些妄念的底端还存在着某样东西——一股充满着悸动的能量。这一股能量并没什么错，也无大碍。我们的坐禅训练就是要学会体验它，任由它生灭，安住于其中。

某些用于提高的修持方法要求你刻意激发情绪，譬如回想那些会让你生气、渴望或恐惧的人与情境。这些方法的重点是要放下思想，直接与情绪能量相连，然后问自己："去掉了这些思想之后，我到底是谁？"我们所说的坐禅比上述的方法要简单一些，不过我认为需要同等的勇气才能办得到。每当烦扰的情绪不请自来时，只要放下心中的台词，安住在那股情绪能量中就对了。这是一种觉受上的经验，而不是在口头上说说就算了。我们会在身体上觉受到那股能量。如果能安住于其中，既不形成外在的举动，也不压抑它，它就会使我们觉醒。人们时常说："我在静坐时老是打瞌睡，我该怎么办？"对治昏沉有许多解药，我的最爱却是："体验心中的愤怒！"

不想安忍在情绪之中乃是人类普遍的习惯。发泄和压抑是我们惯用的逃避情绪痛楚的伎俩。譬如，大部分人会以尖叫或行动来渲泄情绪。盛怒之后又觉得羞愧或沉溺于自责中。我们总是陷入这种恶性循环，最后变成了制造激愤的高手。我们往往以这样的方式来强化自己的痛苦情绪。

多年以前的某个夜晚，我突然撞见我的男友正热情如火地拥抱着另一个女人。我们当晚是在一名友人的家中，他收藏的陶器都是无价之宝。当时我愤怒到必须摔东西的地步，但是我抓起来的每一件东西，最后都只能乖乖地放下，因为那些陶器的价值大概都在一万美元以上。我真是火大了，却找不到任何发泄的渠道。我被逼得必须体验自己的情绪能量，因为根本没有逃跑的出口。当时那种荒谬的情境，彻底穿透了我的盛怒。我忍不住夺门而出望着星空放声大笑，一直笑到眼泪流出来为止。

金刚乘认为智慧是伴随着情绪而来的。每当我们对抗自己的情绪时，就是在排斥自己的智慧之源。不执著的愤怒和清晰的洞见其实是相同的东西。不执著的傲慢可以被经验成平等心。不紧抓的贪欲则是一种全观的智慧。

在菩提心的修炼中，我们也同样欢迎活泼有力的情绪能量。每当情绪增强时，我们通常会感到恐惧。这份恐惧永远潜伏在我们的生命中。坐禅时要练习放下心中的剧情故事，学着趋近心中的情绪和恐惧，学着安住在情绪的烦扰中。

留意当下：在坐禅的转化过程中要培养的另一种素养就是留意当下这一刻。每时每刻都选择全神贯注于当下。留意当下的身心变化，乃是温柔对待自己、温柔对待别人，以及温柔对待世界的一种方式。这份留意觉察的品质来自于一份爱的能力。

回到当下这一刻需要一些努力才能办得到，但心态却是温柔的。老师教我们“轻轻留意一下就放掉”。我们将觉察到的念头轻轻冠上“妄念”的标签，然后就放掉它们。这样的方式可以帮助我们放松，就像用羽毛轻触一下肥皂泡泡似的。这是一种不具有侵略性的安住当下的方式。

有时我们会发现自己非常欣赏心中的念头，甚至有点舍不得放掉它们。观看内心的电影比回到当下有趣得多。毫无疑问地，捏造出来的世界确实滋味无穷而又充满诱惑，所以我们才要用以柔克刚的方式来中止自己的惯性模式。换句话说，我们的修炼就是要培养对自己的慈悲心。

坐禅为的是与慈悲及无量的空性连结。不刻意阻隔什么东西，而只是直接觉知一下念头，以没什么大不了的轻松心态任由它们消失，我们就会发现我们基本的能量是温柔的，圆满的，鲜活的。就以这样的方式开始进行精神勇士的修炼，为自己去发现我们的根性是菩提心，而不是困惑无明。

第五章 精神勇士的口诀

在日常所有的活动中，以精神勇士的口诀训练自己。

——阿底峡修心七要

11 世纪时，阿底峡尊者将菩提心的完整法教从印度引进了西藏。他特别强调的是心的调伏或调心的训练。这些教诲之所以能历久弥新，主要是因为它们能帮助我们将逆境转成解脱道。在阿底峡尊者的修心七要中，我们最不喜欢的东西全都转化成了大鱼大肉和可口的马铃薯。**那些看似最严重的障碍——我们的愤怒、嫌恶和焦虑不安——都可以当作觉醒菩提心的燃料。**

阿底峡尊者辞世之后，这些法教被秘密地保存下来，只传给了最贴身的弟子们。12 世纪之前，知道这些法教的人为数不多，直到契喀瓦格西（Geshe Chekawa）将它们集结成五十九则简易的口诀，才广为人知。这些口诀在西藏被称为 lojong 或是阿底峡修心七要。如果能熟读这些口诀，终身都将它们谨记在心并付诸实践，就是在修习最珍贵的菩提心法了。

契喀瓦格西的一位兄长十分鄙视佛法，并且时常给他苦头吃。后来有许多求教于契喀瓦的麻风病患者被治愈了，他的兄长才开始对佛法产生兴趣。这位易怒的兄长躲在契喀瓦的门后偷听转逆境为解脱道的教诲。过了一段时间，契喀瓦发现他的兄长不再易怒，而且变得体恤有韧性了，那时他才意识到，他的兄长一定是听了修心的法教而得以改变的。于是他决定将修心七要公之于世。他心想，连他的兄长都能受益，更不用说其他人了。

一般而言，我们总是被习性驱使，而丝毫无法终止这些模式。如果感到失望或认为自己遭到了背叛，我们会不会利用那些情境来修心？通常不会。然而就在困惑无明中，你才能领会阿底峡修心七要的力道。熟读这些口诀是比较容易做到的事，付诸实践才真的困难。譬如，“永远要为那些令我们嫌恶的人发慈心或悲心”（译注：传统译文为“于怨敌恒修”），这样的口诀如果能熟记在心，就能帮助我们在口出恶言之前，实时安忍下来。一旦熟记这些口诀，它们就会自动浮现心头，提醒我们安住在当时的情绪能量中，而不至于轻举妄动。

这些修心的口诀也带来了一项挑战。每当我们以某种惯性模式逃避当下时，能不能忆起那个可以帮助我们回到当下的口诀？与其随境而转，是否能利用当下那水深火热的强烈情绪来转化自己？修心七要的练习就是以精神勇士的心态面对不舒服的情绪。它鼓励我们扪心自问：“眼前这痛苦的时刻我要如何修持，才能将逆境转成觉醒之道？”在日常生活的任何一天，都有机会如此自忖。

“修持面临的三种挑战”教导我们如何中止自己的惯性反应。这三种挑战如下：（1）如实认清自己的神经官能症（译注：以佛教心理学的角度来看，未达彻悟的人类，多少都有些神经官能症的倾向）；（2）做出有别于惯性反应的行动；（3）持之以恒地修炼。

修持最困难的一件事就是认清自己正在扰动不安。不能仁慈地认清自己正陷在冲突矛盾中，要解脱困惑无明几乎是不可能的事。“做出有别于惯性反应的行动”，指的就是打破情绪沉溺的顽强模式。我们要尽全力中止这种拖延与沉溺的顽固倾向。我们应该放掉心中的剧情故事，与底层的情绪能量连结，或是修持本书中所介绍的菩提心。凡是不属于惯性反应的事你都可以做，即使是唱歌、跳舞、绕着巷子跑。我们可以做任何不加强惯性反应的事。第三个会面临的挑战是，我们必须记住这样的修持绝非做个一两次就算了。中止有害的习性以及觉醒菩提心，乃是终身都必须持续的修炼。

这些修炼的精要始终都在强调一件事：与其陷入报复或自怨自艾的反应，不如逐渐学会觉察自己的情绪反应，放掉心中的剧情故事。然后我们就能完全感知到身体的觉受。其中一种修炼的方法就是将情绪吸进我们的心中。认清情绪，放掉心中的剧情故事，感受当下这一刻的能量，就是在培养对自己的慈悲心了。接下来我们可以进一步修炼。我们可以想象有十亿万人和自己的感受相同，然后为大家吸进这股情绪。但愿所有的人都能解脱困惑无明以及那些受限的惯性反应。一旦能仁慈地觉察自己的困惑无明，就可以将那份悲心延伸到同样困惑无明的人的身上。修炼菩提心的神奇之处，就在于慈悲心的范围将不断扩大。

讽刺的是，我们最想躲避的东西，往往就是觉醒菩提心的关键所在。这些五味杂陈的情绪困境，正是精神勇士获得智慧和慈悲的场所。不过当然，我们想脱离这些困境的几率时常大过于安住其中。这就是为什么有勇气和对自己仁慈会那么重要了。安忍在痛苦中而缺乏仁心，就等于和自己作战一般。

当我们走投无路的时候，很可能突然忆起了那句口诀：在心神涣散时如果还能修行，便称得上有修为了（译注：传统译文为“散能住即成”）。正值忌妒、嫌恶、轻蔑或自怨自艾的时刻，如果能立即修正自己的心念，那就是真的有修为了。让我再重复一遍，修行指的就是不继续加强那些困住我们的惯性模式，并且尽全力唤醒自己，不再陷入合理化或自责的模式。要尽量安住在那股强烈的情绪中，而不轻举妄动或是刻意压抑。如果做不到这一点，我们的习惯就会更具有渗透性。

我们的惯性模式早已根深蒂固，它们深具诱惑力，而且令人感到愉悦。所以，只是想找个通风口是不够的。我们这些与它们奋斗多年的老修行是最清楚这一点的。**觉察才是真正的关键。**我们是否能看到心中自言自语的剧情，并且能质疑它们的有效性？每当我们被情绪搅扰得无所适从时，是否还记得这就是我们的道途？我们能不能感受到这股能量，并且为了利益自己及众生而将其吸进心中？如果能如此这般地进行实验，即使是偶尔为之，都算是在训练自己成为精神勇士了。有时我们被搅扰得完全无法修行，然而“知道”自己无法修行，已经算是在认真修了。永远不要低估仁慈地观照真相的那股力道。

有时我们对自己的言行举止感到困惑不安，或者不知道自己是否会造成伤害，突然心中却冒出了一句口诀：在自己的体证和他人的观察之中，要以自己的体证为准（译注：传统译文为“二证取上首”）。我们是唯一能完全了解自己的人。

有时我们也可以从外界给我们的回馈中，看到自己的愚昧无知。别人确实可能帮助我们看到自己的盲点，尤其是那些会让我们产生畏惧的人，必须格外留意他们的洞察和批评。但是从根本的角度来看，只有自己才能看见心中发生的事。只有自己才能听到内心的谈话，而心知肚明自己是在退缩或充满着领悟。

开始修持之后就会发现，我们对自己的所作所为其实是相当无知的。首先我们会发现自己很少能安住于当下，然后会看见自己捏造了各种策略，为的就是躲开眼前的真相，尤其是当我们害怕自己会受伤时。我们更有可能发现，如果自己深信每一件事都做得对，便能找到一个安全、舒适的地方终老一生了。

生长在50年代的我，有一段时间真的以为电视播出的情境喜剧，就是一般家庭的典型实况了。他们似乎都能和睦相处，没有人喝醉酒或是发脾气。我们从来看不到他们的丑态。我们这些看电视的观众之中，有许多人真的以为只有自己的家庭是例外。为了维护这个“美国梦”，大家都隐瞒了真相。

一旦开始修行，才知道幻想和真相之间的差距。愈是能稳定地与自己的经验共处，便愈能察觉自己的紧缩。每当我们在污辱自己时，是否心知肚明？每当我们在痛斥别人时，那股情绪的出处到底是什么？我们能不能不再踏上自我毁灭的老路？能不能领会自己所感受到的痛苦乃是普世性的？是不是渴望停止播下不幸的种子？只有我们自己才知道这些问题的答案是什么。

当然我们不能期待自己永远能觉察到每一个惯性反应。然而觉察的次数一旦增加，并且能中止自己的惯性模式，那就证明菩提心法已经渗入心中了。这时那股想帮助众生的渴望就会逐渐增长。

不只是顺境或特别艰难的困境，在日常所有的活动中我们都要持颂阿底峡尊者的修心口诀。但是切记，“不要争先”，“放弃对果位的期待”，以及“不要想得到掌声”！（译注：传统译文为“不争先得”，“断一切果求”，“莫着声誉”。）

第六章 发四无量心

愿众生具足安乐及安乐因

愿我们永离苦恼及苦恼因

愿我们永不离失无苦之乐

愿我们远离爱欲、侵略性和偏见而永住平等心

——四无量心颂

一切取决于自己。我们可以将一生都花费在培养嫌恶之心和渴求上，或者可以探索一下精神勇士的修行之道——滋养豁达开朗的心胸以及勇气。大部分人一直不断地在强化自己的负面习气，并因此种下了痛苦的种子。**然而菩提心的修炼却能播下安康的种子。尤其是四无量心——友爱、慈悲、喜乐和平等心——的修持。**

这些修持要从家庭开始做起：我们发愿，希望自己和自己所爱的人都能离苦得乐。然后将愿力拓展到更多的人身上。不过从自己真心相爱的人开始做起是最容易的。先从自己已经感受到的友爱、慈悲、喜乐和平等心开始着手。无论目前所感受到的四无量心多么有限——对音乐的喜爱，对孩子的同理，听到好消息时的愉悦感，或是与好友相处的平等对待——就从这些感觉着手修习。我们也许会觉得自己的经验太微不足道了，但即使如此，仍然开始学着滋养它们。感觉不一定非得是伟大的。

培养四无量心，能够为目前的经验带来洞见。它能使我们了解当下的心念和情绪。我们会因此而认清自己的经验是否充满着友爱、慈悲、喜乐和平等心，还是与这些品质完全相反的一些感受。我们会知道这四无量心何时被卡住了，何时它们能流畅自如地展现。永远不要装出自己所没有的感觉。**这项修炼的目的就在于完全贴近自己真实的经验。**愈是贴近自己的封闭与开朗，就愈能觉醒内在无限的潜力。

即使一开始只能为自己或自己所爱的人发愿，那份愿望感觉起来也可能像是虚情假意。然而只要不欺骗自己，即使是假装也能激发我们的菩提心。虽然心知肚明自己的感觉是什么，照样发愿以便超越目前的能力范围。为自己和亲人发愿之后，再进一步为那些漠不相干的人以及我们所不喜欢的人发愿。

“但愿这个令我抓狂的人能够离苦得乐”，这句话听起来也许有点虚情假意，而真正的感受很可能是怒火中烧。像这样的修炼就如同在健身房锻炼身体一般，目的主要是在拓展心量，让它能超越目前的极限。可想而知我们一定会面临阻力。我们会发现自己是十分有限的：我们也许可以对某些人开放，但是对其他的人就无法敞开心胸了。我们会同时看见自己的清明和自己的困惑。我们将获得第一手的经验，并且从中认清每一个修行人早已领悟的真相：我们都是潜力无穷而又充满着矛盾的组合体——既有智能又带着一些神经官能症。

发愿的练习和自我肯定的训练不太相同。自我肯定的训练像是在说服自己是仁慈而勇敢的，但为的却是掩盖一项事实：你深深觉得自己是一名失败者。然而四无量心的修炼并不是要说服自己，也不企图掩盖我们真正的感觉。我们只是在表达自己想要敞开心胸和趋近恐惧的意愿罢了。发愿的练习能够帮助我们面对愈来愈艰难的关系互动。

如果愿意承认目前心中还是具足了爱、慈悲、喜乐和平等心，并且能透过发愿的练习来滋养这些心性，那么这些心性就会自然拓展。觉醒四无量心能激发温暖与热情，让心中无穷的力量自然涌现。

四无量心可以松动那些毫无帮助的习性，融解冰封已久的执著和自卫。然而我们并不是要强迫自己变得良善。每当我们发现自己有多么冷硬或充满攻击性时，并不需要强求自己悔过自新。反之，发愿的练习乃是要我们拓展出与经验稳定共处的能力。透过这样的练习，我们会认清封闭的心和敞开的心之间的差异，然后就会逐渐发展出自我觉察的能力和利益他人的善意。这些练习将释放出我们的友爱、慈悲、喜乐和平等心，而让这些心性的潜力无限地拓展。

第七章 友爱

国与国之间的和平，必须奠基在人与人的友爱之上。

——圣雄甘地

个人在人道精神上的努力永远不会徒劳无功。培养心中的友爱而舍弃愤怒，这样的努力很可能让地球上的人类免于灭种的命运。

什么样的努力能够让我们的善意增长，让我们的偏见和愤怒降低？这是一个非常重要的问题。从传统佛家的角度来看，攻击性与痛苦的根源就在原始无明。然而我们所忽略的东西到底是什么？固守在狭隘的自我考虑之中，我们所忽略的就是与他人的一体性。我们训练自己成为勇士菩萨的理由之一，乃是要发现我们和众生是息息相关的——**明白伤害别人时，也在伤害自己。**因此要训练自己觉察内心的紧缩，要认清别人和我们并没有什么不同。我们要训练自己在愈来愈艰难的时局中，仍然敞开心胸与头脑。

身为一名发下宏愿的菩萨，最主要的修炼就是要培养爱心。创巴仁波切在“香巴拉勇士之道”的教诲中曾经说过，这项修炼就是要“将恐惧之心放在慈爱的摇篮中”（译注：创巴仁波切生前创立的修行法门。香巴拉一词源自于藏密佛法的古老传说。据说当世界濒临战乱存亡之际，来自“香巴拉”这个无形神秘国度的救世主，将现身世间转化所有的负面能量）。另外还有一个惯用的慈爱意象：母鸟养护自己的幼小，直到它们有能力振翅高飞为止。人们有时会问道：“在这个意象中我到底是谁——是母鸟，还是幼子？”答案是：我们两者都是，既是慈爱的母亲，也是那些丑小鸭。但是我们比较容易认同那些丑小鸭——眼睛看不见，稚嫩，又急需照顾。我们是一个不完美却又备受关爱的组合体。不论我们是用这种态度对待自己还是对待别人，这份认识都是学习友爱的关键所在。我们要学习与自己以及与他人相处，虽然我们还在吵着要东西吃，身上光秃秃地连羽毛都没有，或者以世间的标准来看已经出落得可爱动人了。

在培养友爱的过程中，首先要训练自己以诚心、善意和仁心来对待自己。与其助长自责，不如开始培养清明的善意。有时我们觉得自己相当友善而坚强，有时又觉得自己非常不安与懦弱。但是如同母爱一般，友爱是无条件的。不论感受如何，都要发愿活得快乐。我们可以学习播下未来能得到安康的种子，并且逐渐觉察什么因能造成快乐，什么因则会造成苦恼。**缺少了对自己的友爱，我们很难真的关爱别人。**

从侵略性进展到友爱，似乎是一项令人畏惧的任务。不过我们可以从自己熟悉的事物着手练习。发无量心的练习，可以从自己已经具备的柔软心开始着手。不妨先找到让自己感恩的事物——目前能让我们感到欣喜的能力，然后以非常落实的方式和心中的菩提心连结。我们可能在爱的温柔中发现它，也可能在脆弱的孤独中发现它。如果能找到心中那个不设防的柔软地带，就能找到菩提心了。

举例来说，在盛怒的硬壳底端，通常会发现恐惧。那个埋藏在愤怒底端的东西是非常脆弱而哀伤的。防卫心的底端埋藏着一颗破碎而毫无遮掩的菩提心。但是我们并不想去感受这个柔软地带，只想赶快封闭住自己，以免痛苦不安。其实封闭自己并不是问题所在，最重要的是“觉察”自己正在封锁内心。**培养友爱的第一步就是要认清自己正在树立和他人之间的籓篱。**这份仁慈的认知便是关键所在。除非我们以毫不批判的方式来认清自己正在封闭内心，否则不可能除去坚硬的甲胄。如果不能除去坚硬的甲胄，仁慈的菩提心永远无法展露。我们将永无出期地障碍住自己爱人的能力。

正统的友爱练习分为七个阶段。首先要为自己发愿，然后以自己的步调逐渐拓展到我们所爱的人、朋友、漠不相干的人、令我们厌恶的人，上述所有的人以及时空中所有的众生。我们就这样逐步扩大友爱的范围。

传统的发愿文如下：愿我和众生都具足安乐及安乐因。在授课的时候我发现，人们有时很难说出“快乐”这个字眼。往往他们会说：“痛苦教会了我很多事，但快乐总是带给我麻烦。”他们不太能确定快乐真的是他们希望得到的东西。这可能是因为在我们老套的观念中，快乐是个十分受限的东西。

要想契入友爱练习的精髓，也许得用自己的话来发愿。有一个人告诉我，他发的愿是希望自己和别人都能发现内心最大的潜力。有一位女士发的愿则是希望我们的身、语、意都能增加人类基本的福祉。另外一个人则希望众生——包括他在内——都能开始信赖自己的善根。重要的是，我们必须以最真诚的心来发愿。

关怀我们喜爱的人或宠物，可以帮助我们发展仁心。那种感觉可能是一份感恩或是温柔之心。任何一种真诚的感受都可以善加利用。如果能产生帮助，甚至可以列举出能激发这种感觉的人、事、物。

传统上总是从自己开始修起，但有时人们会觉得相当困难。把自己包含在内是很要紧的，然而从谁开始发愿并不重要，关键在于发出真诚的善意，并鼓励它向外拓展。如果你能轻而易举地敞开心胸对待你的小猫小狗，那么就从它们开始发愿，并拓展到更具有挑战性的关系之上。**这项练习的目的主要是跟内心的柔软地带真诚相连，而不是要装出某种特殊的感觉。**只要找出那份善意，并且珍惜它，即便它时有时无也没关系。

开始发愿以前，先安静地坐个几分钟，然后开始进行七个步骤的友爱练习。我们可以发愿：“愿我（或我所爱的人）

具足安乐及安乐因。”或者以自己的话来发愿：“但愿我们能学会做一个真正有爱心的人。”我们也可以说：“但愿我们都有足够的食物和舒适安全的居所。”

为自己和自己所爱的人发过愿之后，开始为朋友们发愿。这时应该选定一个比较复杂的关系。譬如某位女友，我们既关心她，又有点忌妒她。我们为她发愿：“希望简能享有快乐及快乐之因。”然后将这份爱朝她的方向传递出去。每一个步骤要花多少时间都随我们的意，如果觉得自己有点刻意或虚假，也不要内疚。

第四个步骤要开始为漠不相干的人发愿。那可能是某位我们曾经见过但不熟识的人。我们对这个人并没有什么感觉。我们为他或她祝福：“愿那位店员（公交车司机、住在对面的女士、街上的乞丐）具足快乐及快乐之因。”然后我们不带任何批判地看看自己的心是敞开的还是封闭的。我们试着觉察自己的心是否僵硬，或是流畅无阻。

佛法教导我们，众生在过去世中都做过我们的母亲。曾经有一世，这些人为了我们的安康而牺牲了他们的福祉，反之亦如是。虽然在眼前的年头里，“母亲”这个字眼未必带有正面的含义，不过真正重要的是，我们应该把自己见过的每一个人都视为自己所爱的人。不论是在超市见过的人，还是在街上、机场、塞车时遇见的人，我们都可以试着去珍惜他们，这样我们爱人的能力就会增长。我们就是如此这般地利用发愿来削弱冷漠的籓篱，释放出心中的善意。

第五个步骤要发愿的对象是那些会激怒我们的人；每一次见到这个人，我们就会生起防卫心。如往常一般，我们开始为此人祝福：“希望这个烦人的家伙能享有快乐及快乐之因。但愿这个讨厌的女人能觉醒心中的菩提心。”不过一开始最好不要从最困难的关系着手发愿。如果一开始就为那些伤害过自己的人发愿，就会感到无法承受。这么一来，我们很可能对修行产生畏惧而一走了之。因此，第五个步骤要对治的就是负面的感觉，但不是那些最难处理的关系。如果从不太难处理的关系着手发愿，我们会比较信赖自己敞开心胸的能力，如此一定能逐渐拓展我们的友爱。

艰难的关系往往是修行最宝贵的资粮，因为他们总是会挑战我们的极限。那些令我们厌烦的人一定会掀掉我们的假面具。透过他们，我们可能会一清二楚地看到自己的防卫性。寂天曾说过：如果你正在修布施波罗蜜，有一名乞丐刚好经过，那可真是一个大好的消息了。这名乞丐正好提供了一个学习给予的机会。同样地，如果想锻炼忍辱和无条件的友爱，而刚好有一名敌人来到面前，那我们也真的是走运了。缺少了这些会激怒我们的人，自己就永远没机会修行了。

阿底峡尊者将修心七要从印度引进西藏之前，人们告诉他，西藏人可能是世上最快乐而友善的人了。他担心如果情况真是如此，可能会缺乏刺激他修行的人。于是他决定把他一生中最难搞定的那名孟加拉国侍者带在身边，这名侍者和他的老师一样总是大胆地指出他的缺失。有趣的是，他根本不需要这名孟加拉国侍者，因为西藏已经有足够多的人在等着刺激他了。

第六个步骤的修炼被称为“彻底消解障碍”。开始观想我们自己、心爱的人、某位友人、某个不相干的人以及我们的“孟加拉国侍者”，所有的人全都站在我们面前。在这个步骤中，我们试着去关爱这些人。我们引发同等的友爱，传递给心爱的人、敌人以及自己所漠视的人。我们发愿，“希望每一个人都享有快乐及快乐之因”，或者也可以用自己的话来发愿。

第七个步骤就是将友爱拓展到众生身上。尽己所能地发下宏愿。不妨从身边的人开始发愿，然后逐渐扩大到邻居、城市、全国以及全世界。“希望宇宙众生都享有快乐及快乐之因。”这个愿望和祈求世界和平是相等的。

每个步骤的练习都能让我们更进一步地放松心中的紧缩。如果只能进行一个步骤的观想也无妨。事实上，许多人第一个步骤的观想可能会进行一个多星期，他们一再地发愿，直到自己感到快乐为止。我们也可以简化这些步骤：“愿我享有快乐及快乐之因。愿你享有快乐及快乐之因。愿每一个地区的众生都享有快乐。”在友爱练习的结尾，我们放下所有的念头、所有的希望，只是单纯地回到没有任何概念的禅坐中。

这项修持的目的主要是在释放毫无偏见的爱。发愿就像在善的种子上浇水，好让它萌芽生长。在发愿的过程中我们会认清自己的障碍——麻木不仁、不妥之感、多疑之心、嫌恶、义愤、骄慢以及其他的情绪。如果持续进行这项修炼，我们会开始跟内心的恐惧、执著及烦恼交朋友。除非留意心中的魔障，否则对别人无条件的爱根本无法施展。**我们在人生中遇到的每一样事物，都可以变成培养友爱的机会。**

第八章 慈悲心

在别的传承中，魔障是需要驱走的。我的传承却主张以悲心来接纳魔障。

——玛奇·拉布钟

如果培养友爱的能力是觉醒菩提心的一种方法，那么滋养慈悲心就可以说是另外一种方法了。不过，悲心比起友爱更难达到，因为其中涉及到愿意去经验痛苦的一份决心。要做到这一点确实需要精神勇士的训练。

在唤起慈悲心这一点上，19 世纪的瑜伽士帕楚仁波切（Patrul Rinpoche）建议我们去想象其他生命受苦的情况，譬如一只待宰的动物，或是一名等待被处决的犯人的心境。他甚至建议我们想象一下，如果自己就是他们，会有什么感受。设想有一位失去双臂的母亲眼睁睁地看着洪水冲走了自己的孩子。与另一个生命的痛苦产生直接而又彻底的连结，就如同处在这位母亲的情境一般。对大部分人而言，即使是想象一下那种情况都是相当恐怖的事。然而慈悲心的修炼却要我们亲自体验一下对痛苦的恐惧。这项修炼需要极大的勇气。其中涉及到学习放松，允许自己轻柔地趋近那些令我们恐惧的事物。**关键就在安住于情绪的烦恼中而不产生紧缩的对抗，**

让恐惧柔软我们的心而不形成抗拒。

想象别的生命在受苦已经是很难的事了，更何况是想象自己也处在相同的情境。因为认识到这一点，所以开始修炼的方法不应该太困难。我们只是透过发愿来培养勇气。我们希望所有的众生，包括自己和那些我们不喜欢的人在内，都能永离痛苦及痛苦之因。

同样的，我们也采用七个步骤的发愿练习来软化自己的心，并且对自己的封闭性变得更诚实，更能宽恕。我们既不合理化也不苛责自己，只是很勇敢地经验内心的痛苦。这样的痛苦有时来自于我们树立起藩篱的那一刻，或者当我们开放心胸去经验内在的痛苦及别人的苦难时，它也会出现。

无论是失败还是成功的经验，我们都能学习到这一点。我们必须透过完整的经验培养慈悲心，包括我们的痛苦、我们的同理心、我们的残忍以及我们的惊恐。只有如此才能有所成就。慈悲心并不是介于治疗者与受创者之间的一份品质。只有在平等的对待中，它才会存在。一旦认清了自己心中的黑暗，就能同理别人心中的黑暗。一旦在自己身上发现那些普世共通的人性，慈悲心就真的出现了。

如同友爱的练习一样，我们只能从目前所拥有的条件开始修炼慈悲心，然后再拓展自己的能力范围。让我们先找到目前真实的痛苦感受。这可能包括我们的孙儿、弟兄以及友人对死亡的恐惧，或是在新闻节目中看到及在书本中读到的众生之苦。重点是去找到让我们真的感觉悲悯的对象。

正式修炼悲心时要像往常一样静坐一段时间，然后进行七个步骤的发愿。先从自己身上开始发愿：“希望我能永离痛苦及痛苦之因。”为了感受更真实，也可以用自己的话来发愿。重要的是，心态不要太情绪化或太刻意。

一行禅师建议我们采用别的说法来发愿：“愿我能安全、自由、不发生任何意外。愿我能永离愤怒……恐惧以及各种担忧。但愿我们不至于陷入麻木不仁的状态，或是过于饥渴及嫌恶他人。希望我不会变成自欺的受害者。”

为自己发下慈悲宏愿之后，继续为其他众生发愿：“希望实验室里的动物能脱离痛苦。希望我年轻的侄子不再对海洛因上瘾。但愿住在养老院的祖父不再恐惧、孤单。”**发愿的重点并不是要我们被情绪淹没，而是要真的跟慈悲心产生连结。**

第三个步骤是观想某位友人，希望他不再受苦。我们可以发愿，希望他能够永离痛苦以及痛苦的根源，或是把愿文讲得更确切一些：“希望杰克不要再怨恨他的哥哥。希望玛丽亚能够早日远离身体的病痛。”接下来继续为那些不相干的人以及我们所不喜欢的人发愿。

第四个步骤中为不相干的人发愿是颇具挑战性的。有许多人到了这个阶段感觉就麻木了。我们口里虽然发愿，但心里和这些不相干的人根本无法连结。我们可能会惊讶地发现，自己对这么多的人竟然如此漠视，甚至恐惧。尤其是住在城市里，每天至少有成千上万的人是被我们忽略的。基于这个理由，我觉得为那些不相干的人发愿似乎格外重要。如果在街上为迎面而来的人默默发愿，希望他能解脱痛苦，这个人立刻就得到了我们的关注。我们可以很真切地感受到人我之间的藩篱被打破了。透过这个慈悲的宏愿，我们开始跨出孤立和漠视的囚笼。

第五个步骤是为那些难以相处的人发出悲愿，这时我们会更清楚地看到自己的偏见和厌恶。我们可能会觉得，为这些讨人厌的敌人发愿简直太不合理了。为这些不讨人喜欢而又令人生畏的人发愿，感觉上未免要求过高。这时不妨谨记在心：抗拒任何一个人，伤害的都只是自己。恐惧的习性、愤怒的习性、自怜的习性——全都会因为我们对它们的认同，而变得更加顽强。**最慈悲的行为就是中止这些习性。**与其一成不变地退缩和树立起高墙，不妨做一些出人意料的事，譬如为此人发下悲愿。我们可以观想这名难搞之人的脸孔，如果有帮助的话，甚至可以默念他的名字："但愿这个令我讨厌的人能永离痛苦及痛苦之因。"这么做，会开始消解我们的恐惧。发出这样的悲心，为的是让我们有能力听闻众生痛苦的呐喊。

第六个步骤开始为自己、心爱的人、友人、不相干的人以及难处的人发愿。透过这样的修炼，我们学习放下造成人我分界的论断与偏见。

悲心的修持会让我们对痛苦的根源产生更深刻的理解。我们祈望不但外在现象界的痛苦能减低，连我们那些助长无明和困惑的思想言行，也能够逐渐递减。我们要发愿解脱执著与故步自封。我们要摆脱自己是孤立个体的迷思。

据说众生都有觉醒和爱人的潜力，这份与生俱来的倾向是可以滋养的。发愿的目的就是在进行这件事。如果不去培养这些倾向，它们很可能会逐渐缩减。菩提心就像酵母一般，从未失去它发酵的能力。任何时刻只要湿度及温度适宜，慈悲就会自动延展。但是如果把它冻在冰箱里，那么任何事也不会发生。

我认为在超市里发愿是格外有益的修行方式。我喜欢在这个矛盾难测的世界里进行上述的修持。我不但发愿，还付诸行动。根据传统的说法，这样的修炼就是在愿力和行持两个层次上培养菩提心。有时你甚至觉得，只有这样的修炼才能对治我们持续目睹的苦难。

站在结账的行列中，我有时会替眼前的那名旁若无人的少年发愿：“但愿他能永离痛苦及痛苦之因”。在电梯里如果身旁站着一位陌生人，我会留意她的鞋子、她的双手以及她脸上的表情。我会深思一项事实，那就是，她和我一样渴望生活中没有压力；和我一样，她也是一名精神勇士。透过我们的希望和恐惧、我们的欲望和痛苦，我们深深相连。我在各种情况——早餐桌上、静坐大厅、牙医的诊所里——都进行这样的修持。

每当我在这些场所发愿时，立刻觉得自己和他人之间不再有距离。每当我在报上读到某位陌生人出了车祸，我尽量不立刻转移视线到下一段文字。我为他和他的家人发出悲心，如同他是我的好友一般。更难办到的一点，就是为那些侵害别人的人发愿。

四无量心的修持为的是训练我们敞开心胸，洞悉自己的偏见而不去助长它们。我们将逐渐学会不再害怕经验心中的痛苦。只有这样的修持才能帮助我们涉入世间的苦难，将我们的友爱、慈悲、喜乐和平等心拓展到众生的身上。

有一位老师曾经告诉我，**如果想得到恒久的快乐，唯一的办法就是从自己的茧中走出来。**我曾经问她如何才能为别人带来快乐，她说："办法相同。"这就是我们要修四无量心的原因：**帮助自己最好的办法就是关爱别人。**这是消解人我藩篱最有力的工具，它可以解除我们和众生之间的不悦及痛苦。

第九章
自他交换法

众生皆有乐受与苦受，因此要像守护自己一般地护持众生。

——寂天菩萨

自他交换法（Tonglen，亦称“施受法”）是另一种培养友爱与慈悲心的方法。按照字面上来看，藏文的 Tonglen 意味着“施与受”。它指的是接收自己和众生的痛苦，而释放出快乐给大家。阿底峡尊者引进西藏的教诲中也包括了自他交换法。

虽然自他交换有许多种观想的方法，然而这项修炼的精髓是不变的。我们以虔诚的心愿吸进众生所不欲的痛苦，祈望我们和众生都能脱离苦难。在进行这项观想时，要放下与这份痛苦攸关的剧情故事，而只是单纯地感受心底的情绪能量。彻底开放自己的心与脑，接受所有生起的感觉。呼气时，释放心中的痛苦，并祈望自己与众生都能得到安乐。

只要片刻须臾能安住在不舒服的感觉之上，就能逐渐学会不再惧怕它了。然后每当我们看到有人陷入苦恼时，将不再吝于吸入那个人的痛苦，而有能力释放出解脱的快乐。

正式的自他交换有四个步骤。第一个步骤也是要静坐一段时间，然后敞开心胸去体验内在无量的菩提心。第二个步骤是观想和感觉心中的幽闭恐惧症与空性。第三个步骤才是此法的精髓：吸入任何一种我们不想要的东西，而呼出一份解脱感。第四个步骤是开始拓展我们的慈悲心，将具有相同感受的众生纳入观想。如果愿意的话，不妨结合第三个和第四个步骤，为自己和众生同时进行自他交换的观想。

因此，自他交换的第一个阶段乃是敞开心胸，静坐一段时间，和无量的菩提心连结。虽然这个步骤非常重要，但很难用语言来描述。因为它和佛法所说的空性有关——有时也称为开放性。如果在情绪的层次上去体验空性，我们可能会感觉自己已经扩大到足以包容一切，不再有任何事能让我们进退维谷了。如果能放松心情，不再挣扎，情绪的能量就会穿透我们，而不至于固执或增长。

基本上，经验心中的开放性，意味着信赖最根本的情绪能量。我们发展出一份信心，允许这些情绪从心中生起，逗留一会儿，然后消逝。这股能量是相当强而有力的，也是无法掌握、随时在变化的。因此，我们的修持首先就是要留意自己如何阻碍了它或冻结了它，自己如何紧缩住身体与心智。然后学习放松和柔软自心，毫不中断它或批判它，而只是开放地体验它。

初尝那份敞开的感觉，已经足以提醒自己永远有办法放下心中执著的想法，而和那个开放的、新鲜的、毫无偏见的东西相连。在接下来的几个步骤中，开始吸进那些我们不想要的感觉，以及那份幽闭恐惧症的情绪能量，然后将它们释放到浩瀚无边的天空中。接着尽力呼出我们所拥有的一切，去帮助大家体验开放而又充满着弹性的解脱之心。我们愈是练习，愈是能拥有这无量的空性。迟早有一天我们会发现，自己的那颗心早已觉醒了。

我们之中有许多人根本不知道那一闪而逝的空境是什么滋味。我第一次发现它的时候，感觉是单纯而又直接的。当时在我禅坐的大厅里有一架嗡嗡作响的电风扇。它一直不停地响着，过了一阵子我就注意不到那个声音了。后来风扇突然停了，大厅里一片寂然，就这样我被引入了空境！

为了乍见空境，有些人会观想浩瀚的大海或是无云的晴空——任何一种可以传达无限开放性的意象，我们都可以试着观想。在集体静坐时，一开始我们会敲锣鸣钟。听到这样的声音，也可以提醒自己开放心胸。乍见空境的时间很短，钟声一停，空境就消失了。因此我们不能紧抓着这样的经验不放。我们只能在其中浸润一下，接着就要进入下一步的修持。

第二个步骤的自他交换，我们开始吸入那股幽闭恐惧症的感觉：污浊、浓重而炙热的感受。不妨将幽闭恐惧症观想成煤烟或是黄褐色的空气污染。然后呼出具有如下品质的空性：清晰、柔和、凉爽。也可以将其观想成皎洁的月光、水面上璀璨的阳光，或是缤纷的七色彩虹。

不论用什么方式观想出幽闭恐惧症的质感，都要想象自己不只是用口鼻在一呼一吸，而是全身的每一个毛孔都在吸进那股情绪能量。我们要如此想象，直到那份感觉和我们的呼吸协调一致，并且能很清楚地观想出吸入的和呼出的东西为止。如果比正常的呼吸深一点也无妨，不过出入息的时间必须均等。

但是我们可能会发现自己比较偏爱吸气或呼气，而无法保持均等的时间。譬如，我们也许不想中断呼出新鲜而光明的气息，也不想吸入污浊、浓重而又炙热的空气。其结果是，我们的出息可能长而慷慨，入息却可能短而吝啬。或者，吸进幽闭恐惧症的感觉并不困难，却觉得没有什么东西可以送出去。这时我们的出息就好像不存在一样。如果觉得自己真的如此贫乏，那么不妨记住，我们给出去的东西并不是私人的财富。我们只不过是将自己的心开放给那个一向都存在的空性，并且将它分享给别人罢了。

第三个步骤开始为某个特定的人进行自他交换。我们把那个人的痛苦吸进来，然后将解脱感呼给他。传统上，自他交换一向从自己最易于悲悯的人开始做起，譬如那些我们曾经列举过的对象。当我们吸气时，观想自己是完全开放地在接收他的痛苦，呼气时则送出勇气和空性。这时不可以生起执著的念头："我终于感受到一些放松的心情了；我要永远维持这样的感觉！”反之，要把这份感觉分享出来。倘若能如此修行，吸气时就是在接纳自己不想要的事物，而呼气则是在放松和进一步地敞开心胸。透过一呼一吸，我们那趋乐避苦的旧习气就被逆转了。

有些艾滋病的临终关怀工作，时常鼓励病患为其他的艾滋病患进行自他交换。这个方法使得每一位处在相同情境的人，产生了真正的连结，并且能帮助他们释放内心的羞耻、恐惧和孤立感。从事临终关怀的工作人员也可以透过这种方法来营造清明的氛围，让身边的人能找到解脱恐惧的勇气和启示。

为某个特定的人进行自他交换，能突破我们那有限的规则，以及造成痛苦的那份封闭性。训练自己不再执著于自我而开始关怀别人，就是在跟内心柔软的菩提心连结了。这就是我们练习自他交换最主要的原因。每当自己或别人感到痛苦时，我们都要进行这种观想。过了一段时期，我们甚至无法分辨到底是在为自己还是为别人做这件事。这样的界分感开始被打破。

举例而言，有时我们练习自他交换为的是帮助正在生病的母亲。但不知怎地，自己的一些情绪反应——内疚、恐惧或是压抑的愤怒——也会跟着生起，而阻碍了真实的交换。碰到这样的情况，不妨改变焦点，将这些冲突的感觉吸入体内，运用个人的痛苦去连结那些恐惧和封闭的人。开放自心去感受那些被卡住的情绪，不但可以裨益我们的母亲，还能营造清明的氛围。

有时我们会觉得呼气时并不知道该送出什么东西。这时不妨观想一些具有包容性品质的情况或感觉，譬如空境、解脱感或是友爱，另外也可以观想一些具体而明确的事物，像是花束之类的东西。有一位女士告诉我，她发现自己为精神分裂的父亲进行自他交换时，吸气并没有困难，呼气却卡住了，因为她根本不知道该送出什么东西给他。最后她终于想到了，父亲最爱喝咖啡，那么就观想送出一杯咖啡给爸爸喝好了。重点是运用任何一种能生效的意象来修持。

这项修持的关键在于，对任何生起的反应保持开放，但切莫变得野心勃勃。我们虽然发愿敞开心胸安于当下，然而我们应该知道自己不可能永远办得到。如果相信自己已经尽力了，悲心就会增长。

假设观想的对象是某个特定的人，要记住将第四个步骤纳入我们的练习，也就是将慈悲的范围拓展到每一个处在相同情境之人的身上。举例来说，假如我们正在为自己那丧夫的妹妹进行自他交换，那么不妨也为所有丧失爱人的人观想，然后将解脱的喜悦释放给他们。如果我们正在为一名遭受虐待的孩子进行观想，也可以同时为所有缺乏照料、深陷惊恐的孩子进行观想，甚至可以包含所有生活在恐惧中的人。假设我们正在为自己的痛苦行自他交换，也要记得为那些身处相同情况的人行自他交换。换句话说，我们一开始就要锁定某个特定而又真实的对象，然后尽力拓展观想的范围。

我建议自他交换应该在日常生活中进行，因为这样的修持比在蒲团上打坐要自然得多。**其中的一个关键是**，在日常生活中我们绝不会缺乏观想的对象。每当我们生起一股自己不想要的强烈情绪或是见到某人在受苦，那种情境中的修持绝不是抽象理论所能比拟的。你不可能在那种情况之下，还去回想四个修行步骤，也不可能有时间让你调和呼吸及观想。眼前面对的乃是活生生的真实情境，我们必须立刻进行自他交换。

日常生活的修持永远不会是抽象的。不舒服的情绪一生起，立刻要训练自己将它们吸进来，然后放掉心中的剧情故事。同时也要将我们的思想与关怀拓展到其他感觉不舒服的人身上，我们一边吸气，一边期望大家都能解脱这份情绪上的困惑。呼气时将自己所能想到的解脱感释放给自己和别人。遇到任何动物或人都进行这样的观想。每当困难的情境或感觉生起时，都可以如此修行，一段时日之后，它就变成自动自发的运作了。

发现日常生活中能带来快乐的事物是相当有益的事。一旦能觉察到它，我们就可以透过观想与别人分享，进一步培养自他交换的心境。

身为勇士菩萨，我们愈是训练自己培养这份心境，就愈能释放出喜悦和平等心。勇于进行这项修持，可以让自己体验人人都具有的本善。我们会更能欣赏各式各样的人所具有的潜力：有的人我们喜欢，有的人我们不喜欢，有的人我们甚至不相识。自他交换便如此突破了我们的偏见，将我们引进了一个更柔软、更开阔的世界。虽然如此，创巴仁波切还是经常告诉我们，自他交换的修持并不能保证什么。

我们必须回答自己心中的疑问：这个方法是不是真的会减轻痛苦？它除了能帮助自己之外，是否还能裨益别人？如果有一个女人正在地球的另一端受着苦，我们的关怀能不能帮助她？自他交换并不是形而上的理论，它是一种单纯而又人性化的修持，不妨亲自去发现个中滋味。

第十章 发欢喜心

让慈悲的土壤中生出友爱的花朵，并以清新而喜乐的平等心泉来灌溉它。

——龙钦巴

如果持续修习菩提心，我们会逐渐发现心中的喜乐。我们愈是能珍惜自己的本善，就愈感到快乐。虽然我们仍然会经验强烈的情绪冲突及人我之分的幻觉，不过已经开始信赖心中那份清新而毫不偏颇的本质，将带给我们无法限量的喜悦——完全超越执著和渴望的一份快乐。这样的喜乐是不会造成宿醉的。

要如何才能扩大心中的喜乐？答案是训练自己安住于当下。在静坐中，以正念和友爱来训练自己：稳定自己的身体、情绪以及思维。我们安住在那块小小的心田中，并且相信它是可以培养的。如果细心地培养它，有一天它一定会充分开发它的潜能。即使它布满着石块，土质干硬，我们还是以耐心来开垦它。我们就这么自自然然地让它演化。

起初我们所感到的喜悦，只是单纯地觉得自己的情况是可以改善的。我们不再寻找一个更能安心立命的地方。我们已经发现，不断地寻找一个更好的东西，这样的方式是无效的，但这并不意味岩石上会突然长出鲜花，这句话的意思是，我们相信心中一定会生出什么东西来。

假如我们持续地照料自己的心田，它的情况就会愈来愈利于菩提心的生长。喜乐来自于绝不放弃自己，以正念观照自己，并开始体会我们那份勇士菩萨的精神。我们还可以提供另一种扩大喜乐的条件，那就是发欢喜心和感恩。如同其他几种无量心的修持一样，我们也是以七个步骤来练习发愿。

传统上感恩和发欢喜心的练习如下："愿我和众生永不离无苦之乐。"这意味着永远安住于开放而无偏见之心的本质——和内心本善的力量连结。一开始发愿时，我们试着去找出人类所享有的福报，譬如健康、本慧、良好的居住环境——身而为人的幸运条件。作为一名觉醒中的精神勇士，最大的优势就是处在一个可以听闻和修习菩提心的时代。如果我们还能遇到精神上足以引领我们的善知识，那就更有福报了。

我们不妨先从自己的好运开始学习感恩，即使是最小的恩宠，都要学着去感激。我们很容易就会忽略自己的福报，快乐经常以我们无法察觉的方式降临。就像我以前看过的卡通影片中某位吃惊的男士所说的："那到底是什么？"影片的字幕打出了一句话："鲍勃正在经验片刻的幸福。"平凡的幸福有时是很难领会的。

关键是安住于当下，充分和眼前的这一刻连结，留意日

常生活每一个细节。照顾好日常的琐事——锅碗瓢盆、衣裳或牙齿——我们就会在其中发现欢乐。每当我们清洗蔬菜、梳理头发时，就是在表达我们的感恩：对自己表达善意，对每样事物所显示的生活品质感恩。结合正念和感恩的修行方式，能够让我们完全落实到现实生活，为我们带来喜悦。如果能将我们的关怀和感恩拓展到外在的环境及其他的人，我们的喜悦甚至会更强。

在禅宗的传统中，老师指导学生向其他人以及各种平凡的事物鞠躬行礼，藉以表达内心的尊敬。他们甚至要学会照料寺院里的扫帚、厕所和植物，以表达他们对这些东西的感恩。观赏创巴仁波切布置餐桌，准备让大家吃早餐，那种感觉就像是在观赏花道或是布置舞台一般。他是那么周到而喜悦地照料着每一个细节——摆设桌垫、餐巾、刀、叉和汤匙，安放碗盘和咖啡杯。他花了好几个小时才完成这项任务！从那时候开始，每天即使只有几分钟的时间可以让我布置餐桌，我仍然怀抱着感恩的心情，视其为一种安住于当下和找到喜乐的神圣仪式。

在平凡的事物中找到喜乐，并不是感情用事或庸俗的行径。要做到这一点其实是需要勇气的。每次当我们放下心中的抱怨，允许自己感念生活中所具足的福报，我们就进入了精神勇士的国度。**即使是最艰苦的时刻，我们也可以感恩。每一样我们所见到、听到、尝到和嗅到的东西，都具有强化**

和启发我们的力量。诚如龙钦巴所言，喜乐的品质就像找到了清凉的树荫一般。

第二个学习喜乐的步骤，乃是忆想一位我们心爱的人，然后为他感谢他们所具足的福报。一开始忆想的对象应该是我们喜欢的人。我们可以想象这个人的脸孔或颂念此人的名字，这么做可以让自己的修持更具有真实感。然后我们以自己的话语来发欢喜心：某位生病的人现在已经恢复健康，而且感觉充满着欢愉；某个孤立无援的孩子现在已经找到了朋友。我们的观想要尽量单纯。重点就在自自然然地为另一个生命感到喜悦，不论这份感觉是一闪而逝的或坚定不移的，我们都要如此行持。

接下来三个观想的步骤，我们要为那些自己所不喜欢的人发欢喜心。对这些时常令我们生起忌妒或其他负面情绪的人，我们也要发出感恩之心和欢喜心。这项修炼对勇士菩萨而言是相当重要的。我们的修炼为的就是觉察心中的善意，并且滋养它。但另外还有一个目的，那就是贴近地观照苦的根源——认清我们如何用忌妒封闭了内心。我发现欢喜心的修炼特别能达到上述的目的。

当我们为邻人的好运发欢喜心的时候，会出现什么感觉？我们嘴里说的是“我为亨利中了彩票而感到高兴”，然而真正的心境是什么？我们说“我很高兴塔妮娅找到男友了”，但心中真正的感觉又是什么？比起心中的嫌恶、忌妒或自怜，我们的欢喜心很可能显得微不足道。我们很清楚自己多么容易执著于某种情绪而封闭了内心。我们应该问问自己为什么会紧抓着心中的怨恨不放，就好像它能为我们带来快乐、减轻我们的痛苦一般。自己吃下了老鼠药，还以为老鼠会因此而毒死。我们对解脱的渴望和为了达到这个目的所采用的方法，是绝对无法相互调和的。

每当我们陷入苦恼时，如果能忆起下面这一则教诲——痛苦乃是侵略心所造成的结果——便可能带来一些帮助。即使是一丝一毫的烦躁不安，假如沉溺于其中，也照样会导致痛苦。这种时刻我们就该自忖："我为什么要再次如此对待自己？"当下深观苦的原因，能够为自己带来力量。我们会开始发现自己有能力穿透嗜吃毒药的习惯。即使倾余生之力才能改变这个习惯，我们还是有能力办到的。

为漠不相关的人发欢喜心时，我们的感觉是什么？在街上为其他众生发欢喜心时，心中可能会想着："我为那位坐在阳光下享受日光浴的人感到开心。""那只流浪狗能找到新的主人，真是替它高兴。"心里在想着这些话的时候，有什么感觉？当我们感激别人的时候，心中的藩篱会放下，还是会树起？

难以相处的人一向都是我们最伟大的老师。为他们的福报发欢喜心，是检查自己的反应和谋略最佳的良机。我们对他们的福报、健康和好消息，会生起什么样的情绪反应？是忌妒？是愤怒？或是恐惧？我们企图逃避这些感受的谋略又是什么？想要报复，还是自我贬抑？心中的剧情故事到底是什么？（“她真是一个势力鬼。”“我是一个失败者。”）这些反应、逃避的谋略和心中的剧情故事，就是形成自我之茧和牢墙的材料。

这时，就在那一个当下，我们不妨深入探测一下剧情底端的情绪经验。那一刻，我们的心、双肩和胃部，会生起什么样的感觉？安住在生理上的觉受和执著于心中的剧情是两种截然不同的状态，前者必须对当下这一刻有所觉察。那是一种放松的方式，一种训练自己温柔而非僵固的方式。它能培养出无限的喜悦——本善。

我们现在能不能为自己、为心爱的人、为朋友、为不相干的人、为难以相处的人、为上述所有的人，发出这份欢喜心？能不能为所有生活在时空中的众生，发出这份欢喜心？

“永远保持欢喜心”是修心七要中的一则口诀。这句话听起来几乎是不可能办到的事，就像某位男士曾经对我说过的：“永远”是非常久远的一段时间啊！但是只要能释放心中的本善，我们就会发现，每一个刹那都含容着流畅无阻的空性和温暖，而它们都是无限喜乐的特征。

这就是培养喜悦的方法：学习不要武装自己的本善，感谢自己所拥有的一切。大部分的时候我们都不会这么做。我们不但不感恩，还一直不停地挣扎和助长心中的不满，那就像在花园的植物上浇水泥一般。一旦开始训练自己发菩提心，便可能见到当下这一刻的神奇；我们可能会逐渐认清，自己始终都是生活在一个神圣世界里的勇士菩萨。无量的喜乐是从未间断过的，只是我们一直无法领受到它的存在罢了。但是年复一年地修持下去，我们就愈来愈能体会它的滋味了。

甘波修道院里的一位厨师，有一天心情非常不愉快。就像大部分人一样，她不断地用自己的行为和思想来喂养郁闷的情绪，她的心情随着时间变得愈来愈糟。于是她决定烤一些巧克力小饼干来振作自己，结果却适得其反——她的饼干全烤焦了。那一个倒霉的当下，她非但没有把饼干倒在垃圾桶里，反而把它们塞进了袋子里，然后背着袋子走出屋子散步去了。她步履蹒跚地走在泥土路上，头垂得低低的，心里充斥着嫌恶感。她自言自语地说道："这里哪像人们说得那么美妙啊？"

就在那一刻她抬头一看，眼前有一只小狐狸朝着她走了过来。她的念头突然停止了，她屏住呼吸，静静地观望着。那只小狐狸在她面前一屁股坐了下来，以期盼的眼神直直地盯着她。她伸手从袋子里拿出了一些饼干。那只小狐狸把饼干一股脑儿全都吃光，然后快步走开了。她回到修道院赶紧把这件事告诉了大家，她说："我今天获得了一个非常宝贵的经验。我们即使决心阻隔这世界的魔法，它仍然有办法穿透过来，将我们唤醒。那只狐狸让我认清，我们无论怎么封闭住自己，还是有办法破茧而出，和喜悦相连。"

第十一章 加强欢喜心的训练

以最简明易懂的方式来解释，四无量心可以概括为一句话：一颗善良的心。无论在任何情况之下，永远都要训练自己保有一颗善良的心。

——帕楚仁波切

如何才能真的实践佛法？在过度忙碌的生活中，如何才能发现我们与生俱来的清明与慈悲？即使在最繁忙的时刻，我们都要保有开放性和友爱，这份信赖感如何才能发展出来？当我们感觉被排挤在外或是孤独不安时，能不能以精神勇士的观点来连结内在的菩提心？

分享自己的友爱是在任何时刻、任何情况都可以进行的修持。它会扩大我们的视野，帮助我们牢记众生乃是一体的。在当下立刻行自他交换，也是一种加强欢喜心的方法。

此法的精髓是：每当我们遭遇困难时，便立刻将这份痛苦吸进心中，并且体认别人也有相同的感受。透过这个方法，可以看到自己正在故步自封，而得以敞开心胸。每当我们感到愉悦或温柔时，也要发欢喜心，并且感恩，然后希望别人也能体验这份愉悦感或解脱感。简而言之，当你感到快乐时，要想到别人；当你感到沉重时，也要想到别人。如果这是我们唯一记得住的修持方法，光是凭着它，就能为自己、为他人带来巨大的利益。不论遇到什么状况，这个方法都可以唤醒我们的菩提心。

即使是最单纯的事物，也可以用来进行这项修持——一个美妙的清晨、一餐可口的食物、一次舒畅的淋浴。生活中充满着一闪而逝的美好时光，我们却匆匆忙忙地忽略了它们的存在，我们忘了它们所带来的喜悦。因此第一步就是停下来，留意当下正在发生的事。即使只做这一件事，也是具有革命性的。然后可以想一想某位正在受苦的人，希望那个人也能享有我们目前的愉悦感。

如果以这样的方式学习给予，就不会忽略自己眼前的喜悦。如果正在吃着香甜可口的草莓，我们不必想说："噢！我不该这么享受的。别人连一片干面包都没得吃。"我们只是深深地感恩眼前那些可口的水果，然后祈望彼得或莉泰也能享有这份喜悦。我们希望每一个受苦的人都能经验这份喜悦。

任何一种不舒服的感觉都可以变成修行的材料。我们吸气时要和众人分担痛苦；全世界各地都有人和我们一样在受苦。这个简单的心态，就是对己对人的悲心的种子。如果我们愿意，还可以进一步观想。我们可以发愿某个特定的人或一切众生都能离苦得乐。这么一来，我们的牙痛、失眠症、离婚之苦以及各种的恐惧，都会变成和众生相连的资粮。

有位女士写信告诉我如何利用交通阻塞来进行这项修持。她的厌烦感和她的紧张不安，以及害怕约会将迟到的那份恐慌，都成了和那些坐在乌烟瘴气的车子里的人连结的资粮。她开始感觉自己和四周的人是血脉相连的，甚至十分期待每天塞车时可以有机会进行自他交换。

这个简单的练习可以让我们随时随地跟别人连结。它会助长当下的勇气，凭着这份勇气，我们才能治疗自己以及地球上的兄弟姐妹们。

第十二章 扩大心量

处在所有的领域里都要训练自己去除偏见。普遍而全心全意地进行这项修持，是非常重要的。

——阿底峡尊者

透过友爱、悲心和欢喜心的修持，我们训练自己扩大心量，尽己所能地敞开心胸面对自己，面对朋友，甚至面对那些我们所不喜欢的人，如此就是在培养无偏见的平等心了。然而缺少了第四种的无量平等心，其他的三种无量心将被好恶、接纳和抗拒所局限。

每当有人问某位禅师他的情况时，他总是答道："我很好。"后来他的一位学生终于忍不住问道："老师，你怎么可能永远都好呢？难道你每一天都觉得很好吗？"禅师答道："当然某些日子我也活得并不好。不过，无论是好日子或坏日子，我都能接受。"这就是所谓的平等心了。传统上，平等心总是以欢迎所有人参加的一场盛宴来象征。这意味着，每一样事物、每一个人都列在受邀的名单上。想一想你的死敌，想一想那个可能会伤害你的人，想象一下这些人全都受邀参加这场盛宴。

平等心的修持就是要学习对众生敞开心胸，迎接各种生命的来访。当然某些贵客来访时，我们不免感到恐惧和厌恶。如果有能力做到，不妨把门稍稍打开一些，假使有必要，把门关上也无妨。培养平等心是要渐进的。我们发愿终生学习友爱与勇气，不论身处何种情境——生病、健康、贫穷、富裕、哀伤或喜悦，我们一概欢迎，并且愿意认识它们。

“平等心”比我们通常所认识的范畴要大得多。我们一向以为，希望获得自己想要的东西以及害怕丧失自己拥有的东西，这就是所谓的二元对立了。然而佛法却归类出四组希望与恐惧的二元对立倾向：欲乐和痛苦，赞美和谴责，获得与失去，盛名与失宠。只要陷入其中任何一极，就必定招惹来另一极的情况。它们永远都在相互追逐着。在吸引和厌恶的恶性循环中，是不可能存在着持久的快乐的。人生不可能让我们保有一切美好的事物，而除去每一样我们所惧怕的东西。因此勇士菩萨必须培养平等心——一颗不落入好恶、趋避的大心。

培养平等心的方法就是训练觉察力。一旦感觉自己被吸引或是产生厌恶的反应，而尚未固化成执著或负面情绪时，就要觉察到自己的真相。我们要训练自己安住在内心的那个柔软地带，并善用内心的偏见作为踏脚石，来连结别人心中的困惑。强烈的情绪是非常有用的。不论内心生起任何一种恶劣的情绪，都可以用来拓展与他人的连结感，帮助我们体验他人心中的侵略性和渴望——他们和我们一样，也陷入了希望和恐惧的二元对立。如此我们才能领会众生都在一条船上。我们急需发展出更多的洞见，来帮助自己认清什么会带来快乐，而什么又会导致痛苦。

最近我去了某个修行中心探访一位朋友。那几天之中，我听见许多人在抱怨她总是迟到。他们觉得她造成了诸多的不便，因此非常恼火。她总是为自己的拖延找借口。她的这份自我合理化的倾向令大家十分光火。

有一天我遇见了这位朋友，她正坐在一张长凳上。她的脸因为愤怒而涨得通红，浑身抖个不停。她和某人有约，但是等了十五分钟，此人还没有出现。

我忍不住想让她看到这件事的讽刺性，不过我还是静待她自己去发现情势已经逆转了。多年以来她一直是以同样的方式对待别人的。然而这样的洞见始终没有产生，她还是无法同理别人。她不断地增长自己的怒气，还写了一张充满愤慨的短笺。她完全没准备好同理那些等候她多年的人。如同我们大部分人一样，她不知不觉地在加强自己的痛苦，不但没有让这次的经验软化她的心，反而利用它来强化自己的僵固和冷漠。

即使经过多年的修炼，我们仍然会持续强化自己的愤怒。然而，如果能触及嫌恶、盛怒，或任何一种情绪底端的脆弱感和赤裸裸的无助感，我们的视野就会扩大。那个时刻如果能选择安住在当下的情绪能量中，而不爆发出来或是压抑它，就是在训练平等心以及超越对错的豁达心胸了。四无量心的品质就是如此发展出来的：我们练习觉察心如何僵固成固执的见解，并尽量使它柔软下来。心一旦软化，内在的籓篱就放下了。

平时在街上行走时，也可以进行平等心的修持。不论遇见什么人，都要尽力维持清醒，也就是要保持情感上的诚实度，敞开心胸面对他人。当我们经过某些人的身边时，要觉察自己的心是敞开的还是封闭的。要觉察自己是否被对方吸引，还是感到厌恶或冷漠，而不添加任何的批判。我们可能觉得对某人生起了悲心，因为她看起来十分沮丧，或是因为某人对我们微笑而感到心情愉悦。有时没有任何理由，我们会对某些人生起恐惧和厌恶的感觉。留意自己何时敞开何时封闭，不带任何赞美或谴责，便是这项修持的基础功夫。在城市里只要走一条街，这项修持都会令你大开眼界。

可以进一步地运用这个方法来拓展同理及理解的能力，譬如像恐惧或极端的反感这类封闭的情绪，都可以提醒我们别人也会陷入相同的情境。其他类似友善和愉悦的开放心境，也可能让我们和路人产生连结。任何一种方法都可以帮我们拓展心量。

如同其他几种无量心的修持方法，平等心也有七个修炼的步骤。每当我们产生一种开放而轻松的心情而不落入任何偏见或偏好时，平等心就出现了。这时可以为自己、为自己所爱的人发愿，祈望大家都能安住在解脱的自由中。然后我们将心愿扩大到朋友、不相干的人和敌人的身上。接下来我们发愿，祈望上述所有的人都能安住在平等心中，然后将这份愿望拓展到时空中所有的众生身上："愿众生安住在平等心中，远离激情、侵略性和偏见。"

在进行友爱或悲心的观想之前，也可以先练习平等心。我们只是单纯地反省一下执著和反感造成了多么大的痛苦，而蔑视别人、认为别人不值得我们爱又会带来多大的烦扰。然后我们发愿自己能产生力量和勇气，对所有的众生——包括自己喜欢和不喜欢的——发出无量的悲心与友爱。心里抱持着这样的愿望，开始进行七个步骤的平等心修炼。

《慈悲经》中说道："有了无量心，我们就会珍惜所有的生命，而对上三道和下三道的一切众生放出慈爱的光辉。"修持平等心就是在训练自己扩大同理和慈悲的能力，包容一切善、恶、美、丑。然而，毫无偏见的平等心并不等同于终极的祥和，它指的是彻底面对一切来到我们面前的事物，我们也可以称之为充分而彻底地活着。

平等心的修持要求我们放下一些包袱。譬如，我们只欢迎那些令自己愉悦的事物。**持续地面对各种不同的情境需要很大的勇气，而这份勇气通常源于对自己的悲悯以及给自己充分的时间。**如果经年累月地如此修持，一定会感觉自己的心胸和思想愈来愈开阔。人们时常问我要花多久的时间才能修成，我总是回答："至少要一辈子。"

第十三章 与敌人相逢

你的人生永远都会适时地带给你需要学习的功课。无论在家中、办公室或其他任何场所，你的下一位老师一定会适时地冒出来。

——夏绿蒂·净香·贝克

勇气的精髓就是活着而没有任何自欺。但是，直截了当地认清自己的言行举止，并不是一件容易的事。清明地见到自己的真相，其实是令人很不舒服而又没面子的事。如果训练自己了了分明而又稳定地看着自己，我们会发现自己并不愿意承认内心的批判性、小心眼或是傲慢自大。这些都不是罪恶，而是暂时出现、可以转化的习性。我们愈是能认清它们，它们就愈失去力量。只有这样的修持，才能让我们对自己那份超越善恶的本性产生信赖。

精神勇士必须开始找到自己的人生方向。我们的人生就如同拖着一包不必要的行李一般。佛法的修持鼓励我们打开那包行李，仔细地看一看里面塞了一些什么东西。这么做可以让我们认清，里面有许多东西是不再需要的。

有一种传统的法教可以帮助我们进行如下的观察：四无量心的远仇近敌。近敌指的是和这四无量心很接近的某种心态：它不能解放我们，反而会增加我们的负担。远仇指的则是与四无量心相反的心态，它也会阻碍我们的成长。

友爱的近敌是一种对友爱产生误解的执著。藏文中的Lhenchak 指的就是畅然无阻的爱也可能会走偏或卡住。法教中指出以下三种关系最容易出现强烈的 Lhenchak：亲子之间、两性之间以及师生之间。Lhenchak 的特征是执著与自我涉入。就如同把自己织进一张由双方所编成的神经官能症的网。但在它的本质里埋藏着成长的契机。不可避免地，Lhenchak 的关系往往会变成苦恼和无明的源头。

友爱跟 Lhenchak 是截然不同的，它不是奠基在需求之上的。它是真的关怀另一个生命的福祉，尊重另一个生命的存在价值。我们爱一个人，非关他值得或不值得，也非关他爱我们或不爱我们。这样的爱也可以超越人际关系，拓展到一朵小花的身上。不执著的爱可以让我们更清楚地看见和感觉到生命与生俱来的完美本性。

在进行这七个步骤的发愿时，我们会经验如云霄飞车一般的执著情绪。某些在理论上应该和我们很亲近的人，却被归类在不同的层级中。事实上，能够被我们无条件去爱的人，往往不是身边的伴侣或父母。他们日复一日地生活在我们的周遭，时而带给我们爱，时而困扰着我们。

友爱的反面或是所谓的远仇，往往是憎恨或强烈的反感。强烈的反感很明显地会造成人我之分。它会加深我们的孤立感。然而，在憎恨的紧缩和炙热感中，仍然埋藏着柔软的菩提心。面临困境时，令我们封闭内心的，通常是我们的脆弱易感。一份关系在互动时，如果令我们忆起了久远的创伤和不舒服，我们就会感到畏惧而僵固住内心。当我们正要落泪的那一刻，很可能会立刻收回泪水而做出恶毒的行为。

贾维斯·马斯特斯，我的这位被判死刑的朋友，告诉过我一则有关弗雷迪的故事。弗雷迪是另一位死刑犯，他听到祖母过世的消息，难过得几乎要崩溃了。他不想让周围的男人看到他痛苦的模样，因此强忍着泪水，不让别人看出他的哀伤。他的朋友们看到他的情绪快爆炸了，于是都凑到他的身边去安慰他。接着弗雷迪开始激烈地摇晃着身体。狱卒看到了，便大声命令弗雷迪的朋友们退后。但是他们都不肯后退，因为他们知道弗雷迪需要一些安慰。他们大声地告诉狱卒，弗雷迪显得很不对劲，他需要一些帮助。他们抓住弗雷迪的身体，把他按在床上，大伙儿哭成了一团。如同贾维斯所说的，他们“根本不像是铁石心肠的囚犯，而只是一群活生生的人”。

慈悲有三个近敌：可怜别人、被情绪淹没以及愚蠢的慈悲。可怜别人或是职业化的温情，很容易被误解成真正的慈悲。我们一旦视自己为助人者，便意味着接受我们帮助的人是无助的。我们非但无法感受到别人的痛苦，反而造成了人我之分。如果曾经被人可怜过，我们一定知道那份滋味有多么难受。我们感受不到任何的温暖与支持，只觉得两个人之间有一段很大的距离。真正的悲心之中绝没有这样的上下对待。

被情绪淹没指的是一份无助感。我们觉得世上有这么多的痛苦，无论做什么都是徒劳无益的。我们充满着挫败感。我发现有两种方法可以对治过度的情绪，其中之一是先找到一个比较容易处理的情境。

某位女士写信给我，当她读到这些慈悲心的修行方法时，很想替她的儿子发愿，因为他是一名海洛因毒瘾患者。她自然渴望他能解脱毒瘾的痛苦，但是当她开始为儿子进行自他交换时，却发现自己根本办不到。她一想到他的情况，情绪就开始激动起来。她决定先不替儿子做自他交换，而改为替一切有海洛因成瘾的孩子的家庭进行自他交换。她努力地观想，却仍然无法做到。那种情况还是太恐怖太阴郁了。就在那个时刻，她打开电视看到画面上正播出她家乡的球队输了球。她看到那些球员脸上伤心的表情，于是开始替这个输球的球队发慈悲宏愿。她一旦有能力进行这项修持，恐惧和无助感就减低了。渐渐地，她开始有能力为那些毒瘾患者的家庭以及自己的儿子进行自他交换了。

因此，先从容易着手的对象进行自他交换，有时也能带来奇妙的力量。每当我们找到能够专注的对象时，慈悲心便自然地涌出。

第二个对治过度情绪的方法，就是把专注力持续地放在对方身上。要做到这一点需要更多的勇气。对方的痛苦一旦引发我们心中的恐惧，我们很快会退缩并开始树起藩篱。我们慌乱是因为我们觉得自己无法承受那份痛苦。有时也应该信赖这份慌乱感，因为它显示出我们尚未准备好敞开心门。有时我们非但没有封闭内心或产生抗拒，反而做出了意料之外的事：把专注力重新放回眼前的对象身上。能做到这一点，就等同于开放地面对痛苦。如果我们能不转移注意力，也许就可以放下心中的剧情故事，只是安静地感受着身上的哀痛情绪而不抓狂或退缩。但如果上述的一切都做不到的话，仍然以慈悲心面对目前的局限，继续修持下去。

第三个慈悲的近敌就是愚蠢的慈悲。每当我们避开冲突而企图保有善良的形象时，往往没有能力说“不”，这种心态就是愚蠢的慈悲。慈悲不仅仅意味着善良。如果发现对方的侵略性太强，我们确实需要划清一下界线。最善良体恤的做法就是适时说出：“够了！”许多人利用佛法的崇高理念，来合理化自我降格的倾向。以不封闭内心为由，任凭别人践踏我们。前人曾经说过，为了不破坏自己的慈悲誓言，我们必须学会制止对方的侵略行为，懂得划清界限。有时唯一可以打破藩篱的方法就是划清界限。

慈悲的远仇或反面就是残忍。人一旦濒临受苦的极限，便可能以残忍的态度遮盖住自己对痛苦的恐惧。任何一个童年受过虐待的人，都可能产生这种心态。对那些脆弱无助的人本当感到同情的，却有一种想要伤害对方的冲动。我们往往以这种僵硬的心态来护卫自己的脆弱和恐惧。如果始终无法发现这一点，我们不但在伤害自己，也在伤害别人，这样是永远不可能解脱的。布克·华盛顿（Booker T. Washington）说得很对："不要让任何人把你贬到足以恨他的程度。"合理化的残忍或无意识的残酷很可能会摧毁我们。

喜乐的近敌是过度兴奋。有时我们会搅进一种躁狂的高昂状态，而误以为那就是无条件的至乐。那种状态不但无法和别人产生连结，反而会造成人我的界分感。真正的喜乐并不是欣快症或某种 high 的感觉；反之，那是一种让我们充分涉入生活的感恩状态，因此要为自己及他人所享有的福报而感到喜悦。

喜乐的远仇是忌妒。假设不开始为别人发欢喜心，我永远不会认清自己的妒忌心竟然如此强烈。这绝不是一句谦辞。我对别人的成就生起厌恶反应的几率，真是大得令自己感到惊讶。我听到某人的著作比我的书卖得好，便立刻生起妒忌的反应。也许这项练习会激发内心潜藏的缺点，所以有时无法心甘情愿地进行。然而这正是应该继续练习的理由：必须持续不断地修持，才能与完整而真实的自己共处。

平等心的近敌是执著或冷漠。在精神修持的过程中，很容易产生误解，以为腾空悬在凌乱的生活之上，就是在实践平等心了。我们为自己转化了情绪的混乱而感到释怀、骄傲、祥和及友善，然而沮丧、困窘或愤怒一旦出现，就认为自己破功了。其实，出现情绪上的混乱并不是修为出了差错，精神勇士必须透过情绪的混乱，才能领受慈悲的真谛。在那种情境中我们可以学会停止内心的挣扎。一旦学会安住在我们最怕面对的情绪中，就能发展出无法动摇的平等心。

平等心的远仇是偏见。我们往往会合理化自己的信念，而顽固地拥护或反对别人的意见。我们总是选一边站，并因此固步自封，也因此而树敌。这种两极化的倾向，阻碍了促成慈悲行动的平等心的发展。如果我们真的想减轻不公和痛苦，必须以不偏颇的心态来修持。

修心的练习能够让我们贴近那些远仇和近敌。我们的修炼简直就像邀请它们来参加盛宴一般。我们愈是趋近自己发欢喜心的本能，愈是能意识到自己的嫌恶和忌妒。一旦开始训练自己敞开心胸，我们就能清楚地看到自己的偏见和冷漠。在七个步骤的发心过程中，这些封闭的情感会变得更加显著。

这些敌人都是很好的老师，它们教导我们彻底接纳自己及他人的不完美。如此修持下去，我们终将发现面对世间苦难的那份勇气。

第十四章 重新开始

我们是神的子孙，我们都隶属于大地母神。地球目前正在面临灾难，如果仍怀抱着往日的积怨而不肯合作，大家都可能灭亡。

——西雅图酋长

宽恕是发菩提心的修炼中最重要的元素。它让我们有能力放下过去的一切，重新开始。

我的一位好友在濒临死亡时，某位藏传导师要求她诚实而慈悲地回顾自己的一生。回顾的过程中，她进入了内心某些阴暗的角落，里面埋藏着累积已久的内疚和嫌恶。老师告诉她，最重要的一件事就是宽恕自己。他建议她进行各种步骤的自他交换。她应该透过观想引出内心的悔恨，但重点并不是要沉溺在痛苦的回忆中，而是要跟埋藏已久的痛苦产生连结：可能是内疚、羞耻感、困扰或自责。不需要给那些感觉冠上名称，她只需要默默地连结那些被卡住的情绪就够了。

接下来的步骤是要吸入这些感觉，尽量敞开心胸，试着去宽恕自己。接着她必须为那些有相同苦恼的人进行自他交换，也就是吸入他们和自己的痛苦，向每一个人释放出宽恕。我的好友发现这个方法真的具有疗效。她透过这个方法宽恕了自己曾经伤害的人以及那些伤害过她的人。

某位来到甘波修道院进行自他交换闭关的女士，童年曾数次遭到父亲的性侵害。她强烈地认同那些被关在笼子里的鸟儿，她告诉我她时常觉得自己是一只笼中鸟。进行自他交换时，她试着吸入那份渺小而受困的感觉，呼气时她试着观想笼子打开了，所有的鸟儿都飞了出去。她心中出现了一个画面：有一只小鸟飞出笼外，突然降落在某个男人的肩膀上。男人转过头来，她发现他竟然是自己的父亲。就这样，她首次宽恕了他。

宽恕似乎是无法勉强的。**一旦能勇敢地敞开心胸面对自己，宽恕便自然出现了。**

有一项简单的训练可以培养宽恕的能力。首先要认清自己的感觉——羞耻感、报复心、丢脸或是自责的感觉——然后宽恕自己的人性展现。与其沉溺在痛苦中，不妨放下心中的感觉，重新开始。我们不需要再继续背负着重担。我们可以认清真相，宽恕，然后改过自新。如此修行下去，我们将逐渐学会面对因伤害过自己和他人而产生的悔恨，也将学会自我宽恕，然后以自己的进度逐渐学会宽恕那些伤害过我们的人。**我们将发现**，宽恕是开放心胸的自然展现，也是本善的自然流露。这份潜力就埋藏在每个当下。每个当下都是重新开始的大好契机。

第十五章 五力

修持五力，此乃浓缩的修心精要。

——阿底峡修心七要

五力指的是:（1）意志力;（2）娴熟力: 熟习菩提心的法教与修持;（3）善种力: 众生身上都可以发现的善种;（4）破斥力;（5）愿力。这些是精神勇士增长信心和愿心的五种力量。

意志力指的是，终生献身于化解心中的冷漠、侵略性及执著，藉以打破人我之分。它也意味着礼敬人生带给我们的一切遭遇。身为一名培训中的精神勇士，我们要全心全意地发展转逆境为觉醒的意志力，而不试图让逆境消失。我们如何才能安住在不顺畅的情绪中，而不试图缩回到熟悉的惯性反应里？当我们尚未百分百地深信自己的想法，也还未形成人我的对立之前，能不能觉察到它们？如何才能找到转化自我最重要的那份热情？这些都是终身要探索的问题。我们要下定决心找到证悟众生一体的方法，下定决心持续地修行，敞开我们的心胸。这股强大的决心将引发心中的力量。

娴熟力指的是，一旦能熟记菩提心的法教，并且能一再地运用它们，娴熟力就产生了。早上醒来开始进行菩提心的修炼时，我们观想的材料是什么？我们能够运用的也只有日常生活中的各种事物了——愉悦的、不愉悦的，或是其他的琐事。

今天会发生什么事，我们完全不知道，就像死亡的那一刻是未知的一样。但无论发生什么事，我们已经承诺要善用那件事来唤醒我们的心。如同修心七要中的一则所说的："所有的行为都应该禀持着同一份愿心。"那份愿心就是体悟众生本是一体的。

最近我有幸到朋友的乡间别墅去游泳散心。临行之前我接到了一封信，到达目的地时，我坐在车子里打开信来阅读。那封信写得非常直截了当。对方指出我在某个场合里疏忽了某位我应当好好交谈的人。我的疏于沟通，令某些人相当困惑和失望。我在读这封信时，心中生起的痛楚令自己都惊讶。我一心只想找到出口，因此落入了惯性的反应模式——谴责别人。我认为这件事会发生，完全是另一个人的错。

坐在车子里的我，立刻拿出了纸笔，开始写信给我所谴责的那个人。我把自己的谴责固化，而且当真了：我竟然把它写在白纸上！然而我所学到的一切已经足以让我停笔，那一刻我不禁扪心自问："我怎么能要求别人进行这样的修持呢？这个要求真的是太过份了！这种挑战太难克服了。"我走出车外，坐在游泳池边，心中的痛楚强烈得令我完全忘了菩提心的修持。我一点也不想当精神勇士，但另一方面我又心知肚明，找寻出口只会令我更加不悦。请相信我，我的经验已经丰富到足以认清这一点了。

我试图鼓励自己，真正的我比这些思想和情绪要宽阔得多。我也试着觉察心中的念头，听一听我是如何在论断自己和别人的。但是什么改变都没发生，一点也没有。

最后我只好跳到游泳池里，来回游了起来。游了大概六趟之后，我用胳膊撑住岸边，禁不住呜咽着哭了起来。那一刻我完全体悟了众生心中的苦。

那一刻我并没有在修什么特别的法，只因为我已经太习惯于找到内心的那块柔软地带，于是同理的能力便没来由地产生了。就这样我深深地与在世上的兄弟姐妹们结成了一体。

我坐在岸边将心安住于那股情绪中。我试着忆起菩提心的法教，但似乎修什么法都无关紧要了，修行是不需要方程式的。我那份愿意安住在不适情绪中的决心，让我产生了变化，然后源源不绝的悲心开始一股一股地涌现。

修行并不是经常有回报的。安住在哀痛中并不意味着立刻就有成果。但是时间久了，我们会开始觉得愈来愈轻松而勇敢。**熟习菩提心的法教和修持，会让我们安忍于沮丧的情绪中，并且体认到普世共通的人性。**如此我们才能善用这些法教，在生活中深深地领悟个中的精髓。

善种力是第三种产生愿心的动力。能够促使我们开放和柔软的力量，就源自于心中的善根和菩提种子。有时要忆起我们心中的本善，需要一股向上一着的信心。关键就在跟心中的柔软地带产生连结。我们不妨在日常生活中找到一些可以激发善性的方法。譬如去感觉自己发欢喜心和关怀别人的能力，即使是一闪而逝，都可以增强我们的信心。认清我们如何封闭内心，如何阻碍了情感的流露，就会激发不再如法炮制的悲悯和渴望。

因此我们的修持便是在善种上不断地浇水。能够为别人设想，就是在善种上浇水了，至于当时的感觉是快乐或沮丧并不重要。一旦发现自己和时空中的众生都是一体的，便是在灌溉菩提种子了。不论遇见任何人、任何状况，只要能察觉心中正面或负面的反应，就是在灌溉它了。我们要以温柔而诚实的心境灌溉它，要学习自忖：“我要如何善用苦受和乐受来转化自己？”如果卡住了，也要对自己友善一点。

第四种力量就是**破斥力**。破斥力有时不大好处理，假如缺乏友爱，它会产生后坐力，但如果能抱持友爱的态度，它就会使我们脱离习惯的模式。最温柔的方式就是问一问自己：“我以前有没有做过相同的事？”如果觉得自己已经背离了当下，不妨提醒一下自己：“这样的行为或想法感觉上是不是很熟悉？”

创巴仁波切鼓励他的学生做一名与众不同的、令自我感到难堪的菩萨。他建议与其听收音机或是在淋浴时哼歌，不如跟自我谈一谈："好吧！自我！你已经让我烦恼一辈子了，现在我可没那么笨了。我只能允许你再摆布我一天！"

帕楚仁波切讲过一则有关班恩格西的很棒的故事。破解自己是这位格西最拿手的绝活。他最善于逮住自己正要执著的时刻。某天，几位护持者邀班恩格西吃饭。吃过饭后，屋子里只剩下班恩格西和一大袋的面粉。他想都没想，就拿了一个杯子从袋子里挖面粉，准备回程中可以用得上。他的手一边在袋子里挖面粉，一边却觉察到自己的行为，于是大声斥责起自己："班恩，看看你自己做的好事！"接着他开始大吼："小偷！小偷！"护持他的功德主们立刻冲进屋内，发现他站在那里，一只手放在面粉袋里，口里嚷嚷着："我逮到他了！我逮到他了！我活活地逮到这个小偷了！"这就是破斥力所展现出来的精神，再加上有趣的幽默感。

又有一次班恩格西和他的功德主们聚餐，在座的还有其他的和尚。餐桌上有许多可口的食物，包括班恩最爱的酸奶酪在内。但是班恩的座位排在最后面，过了一会儿，他开始有点不安，担心轮到他的时候，奶酪已经不够吃了。每次侍者拿着勺子舀出奶酪时，他就紧张兮兮地探头看一看别人的份儿有多少。如果份量多了一点，他的心头就一紧，份量少一些，他就开心起来。突然，他发现了自己的反应，于是大吼了一声："班恩，瞧瞧自己的模样！"好不容易侍者终于走到他的面前，可是他却把碗盖了起来，然后说道："不必了！

不必了！不必再舀奶酪给这个对奶酪上瘾的人了！”

破斥力要发展的就是自尊自重的能力，一旦发现自己又上瘾了，就要立刻停止下来。这么做并不是在惩戒自己的缺点；我们只是在分辨何事会带来痛苦，而何事才能带来快乐。我们终于学会放自己一马了。

第五种力量源自于**发愿**。我们也许还没准备好行动，但即使是非常困难的情况，也可以发愿唤醒菩提心，让自己从神经官能症中解脱出来，并且利益众生。我们可以发愿自己拥有精神勇士的力量和爱的能力。

有位学生告诉我，某天清晨他听到街上有个女人在大叫“救命”。他住的地方是一个郊区的禅修中心，其他的人都被吵醒了，大家纷纷跑出去帮她。但是在这之前，只有他一个人听到她的叫声，然而他必须承认他对那个女人生起了强烈的反感，他甚至没准备好为她发愿或同理她的遭遇，也无法观想或感受她的痛苦。一念及她的脆弱无助，他就觉得惊恐万分，他心想：“还好不是我，而是她。”然而就在那一刻，他联想起所有愿意提供帮助却办不到的人。于是他很真诚地发愿，祈望此生每一个人都能转化自己的恐惧，去除人我的藩篱。

以上就是**能够觉醒菩提心的五种力量**，再提要一次：

1. 培养心中的意志力和承诺，开放地面对人生所呈现给我们的各种遭遇，包括情绪上的沮丧在内。

2. 熟习菩提心的修持方法，并将它们运用在正式的禅修和日常生活中。

3. 不论我们处在愉悦或悲惨的情境，都要灌溉菩提善种，这样我们才能对心中正向的种子产生更大的信心。

4. 善用破斥力——带着友爱与幽默感——逮住自我的执著，尤其是在我们还未伤害自己和他人以前。

5. 滋养发愿的习惯，但愿痛苦和痛苦的种子能减少，而智能和慈悲能增长。永远要培养好的习惯来助长心中的善性和开放性。

第十六章 三种惰性

在温柔清明的果园里，

愿你被掉落的觉醒之椰棒喝。

——创巴仁波切

怠惰是人之常情。但不幸的是，它抑制了人们的觉醒能量，而且会逐渐侵蚀我们的信心和力量。**怠惰的种类有三种——偏好舒适、丧失情感以及毫不在乎。**我们会透过这三种怠惰的方式而陷入软弱的惯性模式。假如能好奇地探索它们，便能消解它们的力量。

第一种惰性是偏好舒适，它奠基在我们想躲开不方便的倾向之上。我们总想休息一下，给自己放个假。但是抚慰自己、哄自己，却变成了一种习惯，我们会因此而变得懒散与丧失气力。譬如下雨天，即使只有一条街的路程，我们都不肯走，因为怕被雨淋湿，宁愿开车。还有，只要感觉有一点热，我们就开冷气，只要一感觉到冷，我们就开暖气。如此一来便失去了对生活的触感。我们只相信立即生效的东西，而习惯于依赖机械化的成果。

这种类型的惰性会增强我们的侵略性。我们将对不方便的情况变得易怒。车子发动不了，停水断电了，冰冷的地上没有垫子可坐，这时我们的火气就上来了。偏好舒适的倾向会钝化我们的听觉、视觉和嗅觉，也会让我们无法满足。然而我们隐约地知道，纯粹的享乐并不能带来持久的快乐。

第二种惰性是丧失情感。我们有一种无望的感觉，一种“我很不幸”的绝望感。我们觉得自己是如此贫乏，而不想面对这个世界。我们坐在电视机前吃饭、喝酒、抽烟，无意识地一个节目接着一个节目看下去。我们完全无法动弹，也不想让自己那无感的心透透气。即使好不容易启动身体去打开窗户，心中却仍有一股羞愧感。我们虽然挤出一些打破惰性的外在动作，但内心还有一股无望的感觉。这些小动作仍旧是丧失情感的展现。我们还是在对自己说：“我是最糟的人。我是没有希望的。我永远不可能做对一件事。”我们真的不想放自己一马，我们已经忘了该如何帮助自己了，因为我们缺乏解脱自己的洞见与智慧。

第三种类型的惰性——毫不在乎——的特征就是嫌恶。我们竖起中指向世界抗议。这种心态有点像是丧失情感，但更强硬一些。丧失情感的状态中至少还有一些柔软与脆弱，毫不在乎则更具有攻击性，更大胆无礼。“这个世界简直是一塌糊涂。它什么也不能给我，所以我干吗要在乎它？”于是我们上酒吧，整天喝得烂醉如泥，如果有人找我们的茬儿，我们就打架闹事。或者干脆拉上窗帘，倒在床上，用被子蒙住自己的头。如果有人想为我们打气，只有请老天帮帮他了！

我们沉溺于无价值感和自我贬抑中，一点也不想找到出口。我们只想呆坐在椅子上，让郁闷的感觉愈来愈重。我们利用怠惰来达到报复世界的目的，而这类的怠惰很容易转变成回天无术的沮丧。

人们时常利用三种惯性模式来处理怠惰或任何一种恼人的情绪，我称它们为徒劳无益的谋略：**攻击、沉溺和忽略。**

“攻击”是其中最受欢迎的谋略。每当我们意识到自己的怠惰时，就会开始谴责自己。我们为自己的贪图舒适、自怜或赖床而产生自责和羞愧感。我们总是在罪咎感中挣扎不已。

“沉溺”的谋略也是很常见的。我们往往合理化自己的怠惰，甚至为它拍手叫好。“我就是这副模样。我有足够的理由生气或一天睡二十四小时。”其实我们很可能是摆脱不掉自我质疑和一股不对劲的感觉，然而却说服自己赦免自己的行为。

“忽略”的计谋是很有效果的，至少可以维持一小段时间。我们与自己分裂、出神或是麻木不仁。我们竭尽所能地和自己赤裸裸的习惯保持距离。我们的生活好像是由自动驾驶仪所操控的，而我们总是避免贴近地看一看自己正在做些什么。

精神勇士的修心练习提供了第四个选择——一种解脱的策略。这个策略就是充分去体验我们一直在抗拒的事物——不再存活于三种惰性之中。我们开始对这三种惰性产生好奇心。透过菩提心的修持，我们练习不再抗拒我们的抗拒心，在心尚未变得僵硬之前，深入地感受内心的柔软地带和无所依靠的空境。要抱持着清晰的动机，希望自己的执著倾向能够减轻。

觉察到自己不想检查自我惰性或其他的习性，是很重要的一项修持。我们通常只想一味地沉溺、忽略或责难。我们想延续三种徒劳无益的谋略，原因是我们以为它们会带来安慰。我们只想继续逃到偏爱舒适的倾向中，永无止境地说服自己丧失情感是合理的，或是反复咀嚼着“毫不在乎”的宿命观。

但是到了某一个时刻，我们也许会因为感到好奇而开始问自己：我为什么会觉得痛苦？为什么没有一件事感觉起来是轻松的？为什么我的不满足感和乏味感一年比一年强烈？

这时也许就会想到要修炼了。这时我们才觉得自己已经准备好要实验一下精神勇士的慈悲修炼了。只有在这个时刻我们才了解安住在柔软地带而不僵化自心是什么意思。

于是我们开始深入地观察自己的惰性，直接地体验到它的本质。我们开始认清自己对不方便、羞愧感、嫌恶或麻木不仁的恐惧，也开始认清其他人同样有这样的感觉。我们开始留意自己心中的对白，并意识到它们会导致身体的紧张。持续不断地练习，使我们终于明白自己不再需要相信这些剧情故事了。我们进行自他交换、坐禅、发菩提心，开放地面对赤裸裸的情绪能量。我们开始感到柔软，并体悟到每一个人都和我们一样有情绪上的困扰，而人人都有能力解脱。

惰性并不是什么特别恐怖或美妙的东西，相反，它只是我们生命中的一种基本特质，我们必须如实地经验它。也许我们会在惰性中发现令人焦躁不安的特质。感觉上它似乎是迟钝、沉重的，或许也是脆弱而鲁莽的。无论意识到的是什么，只要进一步地探索下去，一定会发现一股无所依靠、无实质性而又清醒的能量。

直接而无言地面对惰性，这样的体悟是深具转化力的。它能释放出巨大的力量，而这股力量通常是被我们逃避的习性所掩盖的。只要不再抗拒惰性，认为自己懒惰的那份认同感便彻底瓦解了。一旦拿掉自我的眼罩，视野就开阔了，眼前的景致也变得清新了。惰性或其他任何一种魔障便如此这般地将我们导入慈悲为怀的生活中。

第十七章

菩萨的行动

菩提心法源自于三世诸佛，后来他们依止这些方法而发展出菩萨道。

为了利益众生，我也传授菩提心法，并按照它们来锻炼我自己。

——寂天菩萨

很少有人会对避世独修感兴趣，总希望自己的修持能够利益众生。因此，菩萨勇士宣誓不但要唤醒自己，还要造福所有的生命。

传统的大乘佛法通常以六种慈悲的方法来锻炼菩萨：布施、持戒、忍辱、精进、禅定以及智慧——无量的智慧。传统上称之为六波罗蜜，梵文的意思是“渡到彼岸”。其中的每一种行动都可以帮助我们超越嫌恶和执著，超越自我中心的倾向，超越人我之分。每一种波罗蜜都能帮助我们转化恐惧，不再执取。

透过六波罗蜜的修持，我们学会安住在未知中。“渡到彼岸”具有一种无所依靠的品质，一种前不着村后不着店的中间状态。我们如果乘着木筏漂回此岸，就会在对错的概念中挣扎不已，忙着固化有所依靠的幻觉，不断地寻找可以预期的事物。但如果渡到彼岸，我们便从狭隘的心态和二元对立的思想中解脱了。以上是传统大乘佛法赋予六波罗蜜的意象。

下述的意象是我所偏爱的：我们划到了河流的正中央，两岸已经不在视界中，但木筏却解体了，我们发现自己竟然没有东西可抓了。从保守的观点来看，这种情况是非常恐怖和危险的。然而，只要观念稍微变一下，就会发现没东西可抓其实是非常自由而解脱的状态，我们还是有信心自己不会溺毙。不抓住任何东西，意味着可以放松地活在这个变化多端而又活力十足的世界里。

这项修持的关键就在般若智慧。缺少了般若智慧——又称为无量的菩提心——其他五种波罗蜜可能会造成有所依靠的幻觉。般若智慧的基础就在正念——以敞开的心胸来探索自己的经验。然而我们的探索或质疑，并不是要找到永恒不变的解答。我们要培养的是一个追根究底的心，它对于有限的或偏执的解答是不会感到满足的。

譬如破晓之前躺在床上聆听屋顶的雨声。假设当时心里想的是如何准备野餐这件事，雨声就会显得单调而碍事。但是园子里的土壤很干燥，所以雨声听起来又令人感到开心。然而一颗富有韧性的般若之心，是不会妄下对错论断的。它在聆听雨声时绝不添加任何额外的观念，也没有快乐或哀伤的评断。

抱持着这份不执著的般若之心，我们修习布施、持戒、忍辱、精进和禅定，将狭隘的心态转化得有韧性并无惧。

布施的精神就是放下。**痛苦向来是执著的征兆之一。**每当我们感到不悦或是不安时，就会变得小心眼起来，我们会紧抓不放。布施则是一种放松的行动。不论我们拿出什么东西给别人——一块钱、一朵花、一句鼓励人的话——都是在训练自己放下。铃木禅师曾经说过："给予就是不执著，不执著任何事物就是给予。"

练习布施有许多种方式。但重点并不在给出什么东西，而是要放松执著的习性。传统的修炼只要求我们将心爱的东西送给别人。我认识的某位女士决心将她所执著的东西全部送出去。某位男士在他父亲过世后花了六个月的时间，每天布施一些钱给街上的乞丐，这是他对治哀恸的方法。另一位女士则经常观想将自己最怕失去的东西送给别人。

一对年轻夫妇一心想解决他们面对乞丐时的矛盾心态，于是决定每天布施给第一个遇到的乞丐。他们非常有诚意解决自己对游民议题所产生的困惑，后来他们有了腹案：他们决定要当善良慷慨、行为高尚的人，每天布施可以让那一整天都感到安心，不再被矛盾的心态干扰。某天早上一名街上的醉汉伸手向这位妻子要钱，当时她正要进入一家商店。虽然那名醉汉算是她当天第一个遇见的乞丐，他那副模样还是令她感到厌恶，因此她不想给他任何东西。当她从店里出来的时候，匆匆忙忙地给了他一张钞票，便立刻走开了。准备去开车时，后面有人叫她："女士！女士！"她回头一看原来是那名醉汉，他竟然对她说："我想你大概搞错了！你给我的是一张五元大钞。”

布施的练习会凸显出我们的紧缩和执著。我们一开始总想规划好一切，但是无常永远会打破你的计划。从诚挚的布施行为中将演化出真正的放下。我们所抱持的保守观点将因此而开始改变。

我们很容易把六波罗蜜视为僵化的道德律，或是一系列的准则。但是菩萨的境界可没有这么简单。**六波罗蜜并不是什么圣诫，它们真正的作用是在挑战我们的惯性反应。**尤其是持戒波罗蜜。持戒是一种不助长痛苦的行为。精神勇士不可能涉入杀、盗、言语伤人和通奸的行为，然而这些指导原则并不是刻在石头上的。最重要的是敞开心胸和思想。如果善良的行为中埋藏着高高在上或嚣张的动机，那只是在为地球增添更多的侵略性罢了。

六波罗蜜的修持可以使我们谦卑、保持真诚。布施能够令我们意识到自己的执著。抱持不伤害他人的戒律，就会发现自己的僵固和自以为是。我们的修持就是要依循慈悲的指导原则，抱持着伸缩自如的般若之心——不以“应该”或“不应该”来看待事物。

我们并不是在依循什么道德律而行事，也不是要谴责那些违规的人。假设我们在一间屋子的中央划一道线，要这间屋子里的人分别站在“道德”与“不道德”的两边，我们会因为选择了“道德”的一边而真的感到解脱吗？我们可能会感到更傲慢、更自大。在小偷、妓女和杀人犯之中，照样可能出现菩萨勇士。

传统佛法中有一则故事，里面讲的是一位名叫悲心的船长，带着五百名乘客，在海上遇见了绰号“愤怒枪手”的海盗。海盗上船威胁要杀掉全船的人。船长意识到如果他真的这么做了，将播下生生世世受苦的种子。出于对船上乘客与海盗的悲悯，他杀了“愤怒枪手”。同样，我们有时必须要说一点谎，为的是不伤害到某些人。

没有任何行为天生就是道德的或不道德的。精神勇士虽然抱持着不伤害他人的戒律，但是他懂得善巧地随机应变。如果我们的持戒富有韧性，就不容易变成假道学，而懂得宽以待人。

练习忍辱波罗蜜，首先要对自己有耐心。要学习以放松的心情面对自己焦躁不安的能量——譬如愤怒、乏味或兴奋。忍辱是需要勇气的，那并不是一种理想的平静状态。事实上，当我们修炼忍辱之后，会更清楚地看到自己的躁动。

有位男士决定在早上开车上班时练习忍辱，他认为自己做得好极了。别人超车时他表现得很有耐性，别人按喇叭时他也不生气。当他开始担心上班会迟到时，仍然有能力放松自己，他真的表现得很好。他开着开着，突然有一名妇人以非常缓慢的步伐在过街。他不得不停下车静静地等待着。他试着放下心中的念头，直接面对心里的焦躁不安。突然，那名妇人转过身来，开始踢他的车子，对着他大吼大叫。那一刻他彻底失去了内心的平静，也叫嚣回去。那时他突然想起，修炼忍辱可能会更清楚地看到自己的瞋怒，于是他开始为自己和那名女士吸进那股愤怒的能量。他很清楚地看着两个陌生人彼此大吼大叫——他完全能领受到那一刻的荒谬与柔软。

如果对六波罗蜜抱持着野心，是注定要失败的。一旦放弃了想把事情做好的那份期望，也放下了怕事情会做错的恐惧，我们就会发现成功或失败都可以被接纳。任何一种情况都没什么好执著的，每一时每一刻我们都在渡往彼岸。

精进波罗蜜往往与喜悦相连。修持这项波罗蜜，就像小孩学走路，虽然很急于学会，却没有任何目的。这股喜悦、振奋的能量并不是靠运气而得来的。你必须持续地练习正念和发慈悲心，才能打破心中的藩篱，敞开自己的心胸。一旦学会安住在无依无恃的境界中，这股热情的能量就出现了。这就是所谓的三种纯净的动机——不强调精进者，不强调精进的行动，也不强调精进的成果。

这趟快乐的远足既没有期待，也没有想要达成什么的野心。我们只是很渴望一步又一步地学走路，即使摔得灰头土脸也不气馁。我们的行动中没有暗自庆幸或自我责难，也不怕被人批评或是得不到掌声。

持续修炼下去，我们一定会发现从卡住到觉醒的窍门。

其关键就在愿意直接体验那些被我们逃避多年的情绪或情感。敞开心胸面对自己所惧怕的感觉，这份意愿将会削弱逃避的习性。只有这个方法才能打破自我的执著。

三种纯净的动机乃是禅定波罗蜜的精髓。当我们静坐时，要先去除想变成禅定高手或达到某种境界的意图。我们只是训练自己安住于当下这一刻。我们敞开心胸面对人生的苦受和乐受。我们用精确的觉知、温柔的态度和放下的精神来训练自己。我们以慈悲心来观察自己的思想和情绪，所以不再和自己抗斗。我们觉察自己何时陷入苦恼中，并信赖自己有放下的能力。如此修行下去，由于习性和偏见所创造出来的障碍，就会自动瓦解。如此修行下去，便能重新发现被我们所遮蔽的般若智慧。

因此，**精神勇士的六波罗蜜如下**：

1. 布施：给予就是在练习放下。

2. 持戒：以胆识和韧性来实践不伤害他人的行动。

3. 忍辱：训练自己安住在焦躁不安的能量中，让事物按照自己的速度来演进。如果觉醒需要一辈子的时间，我们仍然要一步一步地修行，放弃所有的成就欲，享受过程中的喜悦。

4. 精进：放下我们的完美主义，觉知每一个活生生的当下。

5. 禅定：以坚定和温柔的心态训练自己回到当下。

6. 智慧：培养一颗开放而又能追根究底的心。借着菩萨的六波罗蜜，我们学会如何渡到彼岸，同时也要尽力帮助那些我们能帮助的人。

第十八章 无依无恃

修行就是要发展出对所有的情绪、处境和人全然接纳的开放心性，也就是毫无阻隔、毫不保留地体验每一样事物，而永远不退缩到自我之中。

——顶果·钦哲仁波切

佛陀有一次和他的弟子们聚集在灵鹫山，当时他传了一则非常具有革命性的法教——我们存在的本质中有一个开放而无所依靠的境界——传统称之为空性或无量的菩提心，又称为般若波罗蜜多。

佛陀传授空性的法教有一段时日了。当时在灵鹫山法华会上的大弟子之中，有许多人对无常和无我的道理——任何事物包括我们自己在内，都不是坚实的或可以预料的——已经有了深刻的了悟。他们了悟到执著和贪吝必定导致痛苦。他们从佛陀身上学到了这则真理；他们透过禅定深刻体悟了这件事。但是佛陀知道，我们想找到坚实立足点的倾向是根深蒂固的。自我会利用任何事物来保有安全感，包括对无常和无实体的信念在内。

因此，佛陀做出了一件震撼人心的事。他传授了般若波罗蜜多的教诲，他把弟子们踩在脚下的地毯突然抽走了，于是弟子们进一步地体悟了无依无恃的境界。他告诉闻法的人，无论心中相信的是什么，都必须彻底放下，因为执著于任何种对实相的描述，都可能落入圈套。这个消息对闻法者而言，可不是什么令人欣慰的话。

这件事令我联想起克里希那穆提——这位被通神学会选出来的救世主。学会的长老们不断地告知其他的学生，有一天当这位救世主的化身证悟时，他的教诲将是惊世骇俗而又具有革命性的；他将撼动学生们的信仰根基。其结果确实被长老们料中，但并不完全如他们想象的那样。当克里希那穆提成为“世界明星会”的领袖时，他召集了全世界的会员，正式宣布解散“世界明星会”。他告诉他们，这个组织对他们是有害的，因为它提供了过于坚实的立足之地。

对佛陀的弟子而言，灵鹫山的经验和克氏的学生们所体验的十分类似。佛陀当天传达的主要信息就是，执著于任何事物，都会障碍住心中的智慧。任何一个被我们所接纳的论断，都必须彻底放下。全然体悟或修炼菩提心法的方式，就是安住在般若智无量的空性中，耐心地突破我们所有的执著倾向。

灵鹫山的法华会上佛陀传授了世人所熟知的《心经》，但事实上他一个字也没说，他进入了甚深的禅定，所以当时的传法者其实是观自在菩萨，又称为观世音菩萨。这位精神勇士代表佛陀，宣讲了自己对般若波罗蜜多的体证。他的洞见并不是以智力作为基础的，而是来自于亲身的体悟。他了了分明地看见万法皆空。接着舍利子开始向观自在菩萨发问。这才是真正的重点，因为就算佛陀当家做主，大菩萨代为弘法，真理的奥义仍然得透过问答才能厘清。弟子们并不是一味地顺服或盲信。

舍利子是我们这些为徒者的楷模。他并没有一味地接纳自己所听闻的一切，他想亲自探寻真相，因此他问观自在菩萨："我如何才能将般若智慧运用在身、口、意之中？这项修持的关键是什么？我应该抱持什么样的观点？"

观自在菩萨的回答是佛法中最著名的悖论："色即是空，空即是色。空不异色，色不异空。"当我第一次听见这句话的时候，完全不知道他要说的是什么。我的心一下子落空了。他的解说如同般若智慧的本身，是无法表达、无法言传、无法想象的。如果不投射任何信念于事物之上，那么所谓的"色"只是"如是"罢了。般若波罗蜜多象征着完全清新而无拘无束的心，它具有无可限量的潜力。

般若乃是开放的眼、耳、身、意不经过滤的表现。一行禅师将其诠释成"理解力"。那是一种流畅无阻的运作过程，而不是可以度量或概括说明的具体事物。

这份般若智慧，这个无法言传的东西，是人类共有的经验。它并不是一种安祥的心境或烦扰的心态，它是一种开放、质疑而又毫无偏见的根本智。无论它是以好奇的、慌张的、惊讶的或放松的形式展现自己，都不是关键所在，因为不论我们的人生是处于手足无措或悬在半空中，我们都要发挥般若智慧。

我们要按照创巴仁波切所说的：不要害怕自己像个傻子一样来进行修持。要学习与自己的存在直截了当地相处——以爱和恨直截了当地感知血、汗及鲜花。**我们首先要抹去自己的成见，甚至必须放下所有的信念，直接地看待所有事物。**我们要一直不断地抽走脚下的地毯，一旦能观照到“色即是空”而毫无障碍或没有遮掩时，就了悟了事物圆满的本性。但是我们很可能会对这样的体悟上瘾，因为它会让我们从犹豫不决的情绪中解脱，而误以为自己可以凌驾于日常生活的混乱之上。

然而“空不异色”又让情势翻转了过来。“空”仍旧持续不断地示现成生、老、病、死、战争与和平、苦恼与喜乐。于是我们又必须面对活着的那份悸动人心的本质。基于这个理由，我们必须修习四无量心中的相对菩提心法，以及自他交换的观想。它们能帮助我们以开放无碍的心全神贯注于活生生的当下。事情有好有坏，我们无需再添加什么额外的东西了。

想象一下自己正在和佛陀交谈。他问道：“你如何观照实相？”我们很诚实地回答：“我将其视为一个坚实的、与我有别的东西。”他的答复则是：“不对，再深入地看一看。”

于是我们走到一旁开始打坐，很诚恳地深思默观这个问题。然后我们回到佛陀身边，对他说："我现在终于知道答案了。万事万物都不是坚实不变的，它们都是空的。"他回答道："不对，再深入地看一看。"我们答曰："不可能再深入了。事物非空即有，只有这两种可能性了，不是吗？"他的答复仍然是："不对。"因为回答问题的人是佛陀，所以我们不得不想一想："也许我应该再深入一点，才能突破这份不满足感所带来的烦扰。"

于是我们再坐下来深思默观这个问题，接着又去参访佛陀，我们告诉他："我想我现在可以答复你的问题了。万法皆空亦非空。"他的回答仍然是："不对。"可想而知我们一定会觉得无所依靠，甚至有点不知所措。脚下无立足之地是一种非常不舒服的感觉。然而这个过程最重要的就是摘下面具：即使我们感到烦躁不安，也要贴近地看一看心性固执的本质。既然从佛陀的口中只能得到"不对"的答复，我们不妨回家花上一年的时间，亲自去解开这个谜题。这就像是一则禅宗公案。

最后我们一定会回到佛陀的身边，并且告诉他："好了！现在只剩下最后一个答案了。实相的本质是既非存在，亦非不存在的。它是非空非有的。"我们对自己的答案非常满意。但是佛陀的回答仍然是："不对，你的了悟太有限了。"就在这个时刻，那一句"不"突然把你的心震开了，你因而体悟到般若波罗蜜多的滋味，而不再满足于有所住留的状态。

观自在菩萨告诉舍利子“色不异空，空不异色”之后，又继续指出，即使是佛陀的教诲也不能执著：无三法印，无苦谛，无灭谛，无无常，亦无解脱。据说佛陀的弟子们听闻此法之后，有许多人吓得目瞪口呆，甚至心脏病突发。某位西藏老师认为，比较可靠的说法是弟子们纷纷离开了会场，正如通神学会的会员们不接受克里希那穆提的话语一般。我们都不愿意自己抱持的基本结论遭遇到挑战。

不过，假设佛陀当时没有在背后支持观自在菩萨讲法，弟子们还可能为自己的恐惧找到合理的借口：“他只是一名道途上的精神勇士罢了，他跟我们没多大的差别。虽然他很有智慧、很慈悲，不过还是会犯错。”然而当时佛陀在场，他进入了甚深禅定，了了分明地乐见般若心法被观自在菩萨宣讲了出来。对弟子而言，那真是一场进退两难之局。

受到舍利子的激励，观自在菩萨继续宣讲下去，他教导我们一旦了悟无终极证悟、无究竟解脱、亦无住留之处，我们的心一旦解脱争斗不休的情绪以及人我之分的信念，就不再恐惧了。多年以前当我第一次听闻此法时，我对任何的灵修之道都还没产生兴趣，不过当时心中有一盏小小的灯突然熄灭了：我非得了解一下“没有恐惧”是什么滋味。

般若波罗蜜多从某个层面来看，其实是一则有关无惧的教诲。也就是要我们不再对抗未知和生命的暧昧性，直到恐惧完全消解为止。彻底的无惧就是彻悟的同义词——亦即全心全意地敞开心胸与我们的世界互动，同时要训练自己耐心地朝这个方向迈进。我们学着安住于无依无恃的状态，逐渐地就能体味到无惧的滋味了。

然后观自在菩萨宣讲了般若波罗蜜多的精髓。也就是无惧的精髓，或是开放之心的精髓。它是以咒语的形式呈现的：唵，揭谛揭谛，波罗揭谛，波罗僧揭谛，菩提萨婆诃。如同种子可以长成大树一般，此咒包含了安住在般若波罗蜜多、安住在无惧境界的整个法教。

创巴仁波切将其诠释成：“唵，超越，超越，彻底超越，觉醒，如此而已。”这句咒语描述的是永远超越的一趟旅程。我们也可以说：“唵，无依无恃，无依无恃，更加无依无恃，甚至超越无依无恃，彻底觉醒，如此而已！”

不论处在菩萨道的哪一个阶段，也许是刚开始起步，或是已经修持多年，我们永远都在进一步地涉入更无依无恃的境界。开悟并不是终点。开悟这种彻底觉醒的状态，只是另一个我们一无所知的境界的开端罢了。

当这位大菩萨讲完《心经》之后，佛陀从甚深禅定中出定，然后说道：“好极了！好极了！观自在菩萨，你表达得完美极了！”那些没有走出会场或心脏病没发作的人，都感到欢欣鼓舞，他们为自己能听闻无惧之法而感到欢喜万分。

第十九章 强化的神经官能症

以下是我们一直都在追寻的解脱秘法：透过禅坐和日常的修持来发展面对人生困境的能力及勇气；安住在当下的身心经验中——即使当下的感觉是蒙羞、挫败、被抛弃，或是遭受不公的待遇。

——夏绿蒂·净香·贝克

我们曾经谈过安住在般若波罗蜜多或无量的菩提心中，然而这样的修持要达到的究竟是什么境界？我们要体悟的其实就是对当下无依无恃的状态保持开放，直截了当、毫无防御地参与自己的经验。当然这并不是要我们相信一切都不成问题了。朝着不执著的方向前进是需要胆识的。我们不可能一开始就觉得这是一个奇妙而令人振奋不已的生活之道。我们之中有几人会觉得已经准备好要中止自己的惯性模式，或中止自己追求舒适的本能反应？

我们或许以为一旦修持了菩提心法，自己的惯性模式就会开始转变——日复一日，我们一定会愈来愈开放，愈来愈有韧性，愈来愈像个精神勇士。然而持续的修炼只会让我们的惯性模式更强化。佛法的金刚乘称这种现象为“强化的神经官能症”。这并不意味着我们是故意的，事情就是会如此发生。虽然尝到了无依无恃的滋味，也希望自己能安住在稳定、开放而富有韧性的心境，我们仍然会紧抓着惯性模式不放。

每一位走在觉醒之道上的人，都会经历这样的过程。你所见过的每一个面带微笑的解脱之人，都必须经历自己的神经官能症被放大到极致的过程。我们一旦中止责备自己或安慰自己的惯性模式，就是在做一件极为勇敢的事了。逐渐地，我们会朝着开放的方向前进，不过我们也必须认清，前方是一个没有把手、没有脚环、没有心环的危险地带。这个境界也许被称为解脱，然而有很长的一段时间，感觉起来却像是一种不安全的状态。

让我举出一些随着修行而发展出来的神经官能症被强化的实例。其中一个人发展出了奠基在精神理想之上的自责模式。人们往往利用修行来强化贫乏的自我感：精神勇士的修行变成了另一种感觉自己不够格的方式。假如我们想变成一名“善良的”精神勇士，或是想逃脱成为一个“坏人”的可能性，我们的思维就会呈现两极化，而如同以往那样又陷入了对错的反应。我们会利用修行来排斥自己，或跳脱不想面对的议题，而又企图保有“一切都美好”的理想概念。这些都不是什么不寻常的例子，欢迎加入人类的行列。就是因为我们真的在修行，才会清楚地看到自己的所做所为，而开始学习慈悲地探索自己的内心活动。我们在心理上到底发生了什么事？是否感到不安？对心中的戏码是否仍深信不疑？

另外还有一种相反的版本。我们会利用修行来助长自己的傲慢和独特感——你看我们进行这项修持是多么勇敢的事，我们的人生已经得到了转化，我们能够做出如此罕见的事，真是值得自豪——我们利用修行和佛法来建立自我形象，并助长自己的傲慢和自大。

另一种被强化的神经官能症就是逃避。我们虽然很想放弃自己那些无用的垃圾，但是在过程中会利用佛法跟那些混乱不安的事物保持距离。为了逃避自己的同伴是酒鬼或自己对大麻上瘾或是又陷入了另一个受虐的关系，于是我们毅然决然地训练自己安住在空性和爱心中。我们企图利用精神修持来逃避心中的不悦。

真正的重点是，我们会依照惯性将自己附着在菩提心的修持上，或是黏着在强调不黏着的修炼之上。如果想洞悉自己的惯性模式，不妨看一看自己跟修持方法、法教及老师的关系，是否也充斥着近乎神经官能症的各种需求？我们是不是在利用禅修来规避自己所惧怕的事物？我们很容易忽略自己仍然在寻找立足之地。

如果暂时跨出自己那狭隘的茧，一定会感到恐惧，而想抓住以往所熟悉的事物。在这不可避免的过程中，如果缺乏持续的耐性和善意，我们将永远无法依止智慧和慈悲，将心安住在无我的境界中。我们必须逐渐发展出自信心，相信只有放下执著才能解脱。我们还要不断地培养友爱之心。安住在空性中的那股热情，是需要一些时日才能发展出来的。

首先需要了解的就是，担忧或心理上的不适感，很可能是旧有的习性正在释放的一种征兆，其实我们已经贴近与生俱来的空性了。创巴仁波切曾经说过，觉醒中的精神勇士往往发现自己不断地处在焦虑中。从我个人的经验来看，这句话确实是真相。经过一段时间的修持之后，我认清了，既然摇摆不定的情况不可能消除，那么就去深入地理解它吧。我们一旦发展出对恐惧的好奇心和乐于接纳的态度，就会产生根本的变化。与其一辈子都活在紧张不安中，如同坐在牙医的诊疗椅上，还不如学会放松地安住在当下。

修持就是以慈悲的态度来探索我们的惯性和思想。**慈悲地探索自己的身心反应和逃避的谋略，是觉醒的过程中最根本的修持方法。**老师总是鼓励我们**要对自己的神经官能症感到好奇**，因为我们的对治模式一旦瓦解，神经官能症势必出现。只有在这种情况之下，我们才不再深信自己的个人迷思。如果能到达这样的境界，我们就不再和自己分裂，不再抗拒自己的情绪能量了，如此才能学会安住在般若波罗蜜多中。

这样的修持是永无止境的。从开始进行菩萨道的修持，一直到完全信赖自己那无属性、无偏见的解脱之心，这中间的过程，必须分分秒秒安住在当下所发生的一切。我们要以坚定而柔软的心，放弃过去对自己对别人所抱持的成见，也放弃自己的执著倾向，以及障碍住菩提心的那些反应模式。经过多年的修持，我们将克服各种障碍，获得无数启示，而在过程中体味到无依无恃的滋味。

第二十章 当情况变得困难时

切莫被外境所转。

——阿底峡修心七要

觉醒菩提心最直截了当的忠告就是：训练自己不去伤害别人——每一天都要行善助人。如果将这些忠告谨记在心，并开始将其运用在生活里，我们会发现要做到这点并非易事。我们总是在无意间被某人所激怒，而直接或间接地造成了伤害。

因此，当自己的意图是真诚的而情况却变得困难时，多多少少都需要一些帮助。我们可以善用某些基本的忠告来放松自己，转化那些根深蒂固的攻击或谴责模式。

以下四种方法可以帮助我们发展出敞开心胸的耐性，而不至于落入惯性反应：

1. 不要老是寻找箭靶；

2. 连结心中的爱；

3. 将障碍视为导师；

4. 把一切的现象视为梦幻泡影。

首先要认清，如果不设定箭靶，那个靶就不会被箭射中。

这句话的意思是，每当我们用言语或行为报复别人的时候，就是在加强瞋恨的习性。只要做出这样的举动，毫无疑问地，自己也会成为箭靶。如此一来，我们会愈来愈被别人的反应所激怒。然而，每次被激怒时，我们都有机会做出截然不同的反应。我们可以有两种不同的选择，一是寻找箭靶来强化自己的习性，或是以如如不动来削弱习性。

每次我们安坐在焦躁和瞋怒之上，就是在调伏自己和增强自己的力量，快乐就是这样发展出来的。每当我们发泄愤怒或压抑它的时候，就在助长自己的攻击性，我们会愈来愈像个活脱脱的箭靶。如此年复一年地下去，每一件事都可能令我们光火。从真实生活的个人经验层面来看，这些忠告能让我们理解自己如何播下了痛苦的种子。

第一个方法是：记住箭靶是自己树立的，因此也只有自己才能拿掉它。要了解，即使是短暂地安忍而不诉诸报复，我们都是在消解害人害己的攻击模式。

第二个方法是连结心中的爱。在愤怒的时刻，我们仍然可以和心中早已具足的良善及慈悲连结。

譬如某个精神有问题的人伤害了我们，其实我们很容易可以看出她并不能意识到自己的行为。这时我们仍然有可能和心中的爱产生连结，而替她的行为感到哀伤，因为她无法控制地伤害了自己和他人。即使感到恐惧，我们也不至于产生瞋恨或愤怒，而仍然想帮助这个伤害我们的人。

事实上，精神有问题的人比精神健全却会伤害我们的人还要正常一些。因为所谓精神健全的人应该更有潜力认清，攻击别人就是在播下困惑与不满的种子。他目前的攻击性会延伸出更强烈的攻击性。他正在制造自己的肥皂剧。这样的人生是非常痛苦而寂寞的。伤害我们的人受到业力模式的操控，很可能会继续制造永无止境的痛苦。

以上就是第二种对治的方法：和心中的爱连结。请记住我们不需要进一步地激怒自己，或是那个伤害我们的人。要认清，如同我们一样，世上有千百万人正在怒火中烧，不妨安坐在那股强烈的瞋恨能量之上，将其转化为谦卑及仁慈之心。

第三个方法是将障碍视为导师。如果周围缺乏直接引领我们的导师，不要害怕！因为人生自然会提供各种机会来教导我们如何安心。缺少了隔壁那位不知体恤他人的邻居，我们到何处才能找到学习安忍的机会？缺少了那个欺凌弱小的同事，我们如何能如此贴近地认识瞋怒的能量，而令它失去昔日的摧毁力。

导师永远与我们同在。我们所处的每一个当下，都有老师在指导着我们——鼓励我们不再以老旧的神经官能症模式来说话或行动，同时也鼓励我们不再压抑、分裂，或是播下痛苦的种子。因此眼前这个令我们恐惧或羞辱我们的人，到底该如何对待？像往常千百次的反应一样采取反击，还是变得聪明起来，终于学会了如如不动的方法?

就在我们即将暴怒或退缩到健忘症的那一刻，不妨记住下面这句话：我们是培训中的精神勇士，正在学习如何安住于焦躁和不适中。我们的挑战就是要安住在当下这一刻。

遵循这类忠告最大的困难在于，我们总是倾向于过度认真和僵化。我们对放松和安忍的练习也会感到紧张不安。

这时第四种方法就用得上手了：如果把生气的人、生气本身以及生气的对象视为梦幻泡影，便可能会产生一些帮助。不妨将人生看成一场电影，而我们只是在其中暂时演出的主角之一；与其大惊小怪，不如省思一下，眼前的情况是没有任何实质性的。

不妨停下来问一问自己：这个如此被触怒的我到底是谁？那个能够触怒我的人又是谁？让我像鱼儿上钩、像老鼠被捕一般的褒与贬的，到底是什么东西？我就像一个乒乓球，总是在希望与恐惧、快乐和悲惨之间撞来撞去，然而这些情境为什么有那么大的驱动力？这一场不得了的挣扎，这个不得了的自我，以及那个不得了的某某人，都有可能变得没什么大不了。

深思一下这些外在的情境，也深思一下内心的这些情绪，以及这股巨大的自我感，不妨将这一切都视为一闪而逝、无任何实质性的记忆、影片或是梦幻泡影。当大梦初醒的那一刻我们才知道，原来梦中的敌人只是一个幻影罢了。凭着这份了悟就能突破惊慌与恐惧。

如果发现自己正充满着攻击性，不妨忆起下面这句话：打击或压抑都是没来由的，瞋恨或羞耻也是没来由的。至少应该开始质疑一下我们的假定。不论是睡是醒，我们有没有可能只是从一个梦境过渡到另一个梦境罢了？

以上四种转化愤怒、学习安忍的方法，是11世纪的藏传导师噶当巴（Kadampa）传递下来的。这些法教曾经鼓舞过昔日的初学菩萨，就今日而言，它们仍然是有帮助的。和噶当巴一样，今日的导师们仍旧建议我们不要拖延。他们鼓励我们立刻采用这些忠告——就在今天，就在眼前——而不要一味地说服自己："以后有更多的时间再修炼吧！"

第二十一章 道友

道友最大的作用就是要羞辱你。

——创巴仁波切

培训中的精神勇士需要一个能引领他的人——某位训练有素的精神勇士、导师、道友，一个对此领域十分熟悉而能为他们指出方向的人。师生关系有许多不同的层次。对某些人而言，阅读一本好书或听闻某位老师的教诲就足够了。另一个人却可能想成为某位导师的贴身弟子——需要不时地询问老师。对许多人而言，这样的关系是十分宝贵的。但很少有学生一开始就准备好进入一个非传统的师生关系中，而且愿意让老师深入地转化自己的执著。我们之中很少有人能如此信赖另一个人，也很少有人乐意摘掉自己的面具。事实上，在我们尚未发展出对自己的慈悲心和对老师的信心之前，不急着建立师生关系是一种明智的态度。这是与道友建立深刻承诺之前，应该仔细思考的前提。

1974 年我问创巴仁波切是否愿意收我做徒弟，那时我尚未准备好进入一份无条件的关系。然而他是我一生中遇见的第一个不执著的人，一个不为外境所转的人，我认为有他在一旁指导我，自己也可能达到相同的境界。我被他吸引的原因是我无法操控他，他太擅长于揭穿人们的幻觉了。被他揭穿幻觉令我感到危险，但是又觉得耳目一新。不过我仍然花了许多年的时间，才发展出足够的信赖以及对自己的慈悲心，而终于有能力彻底臣服于这份关系。**亲近一位对自我有十足威胁力的人，是需要一些时间的。**

师生关系有的能演化成无条件的信赖与爱，有的则不能。我们必须对过程抱持信心。因为上述的两种情况，都会促使我们对本慧产生信心，也会让我们培养出定力。精神勇士的传承主张老师和弟子皆已证悟，因此师生之间才可能心心相印。老师的任务就是要帮助学生了悟，他的心和老师的心同样早已觉醒。双方的关系进展到某个阶段时，忠诚相待的对象会改变。我们将不再认同自己的神经官能症，而开始信赖自己本有的慧性和善性。这种转变是非常重要的。如果不能发展出对自己的这份基本信心，根本无法进一步地发展师生之间的关系。

一旦准备好进入一种无条件的关系，这种关系就会教导我们如何在每一种情况中都能维持稳定。和某个人进入这么深刻的关系，不但能促使我们敞开心胸面对老师，还能开放地面对所有的经验。老师往往是一个完全成熟的人，而并不是什么虚构的理想。这种关系就像其他的关系一样，也会使我们经验到内心的好恶。我们可能发现自己一头栽进了混乱和不安的迷雾中。这份关系会让我们清楚地看到，自己的心量是否大到足以迎接人生的整个范畴——不只是自己能够接受的那一部分而已。和道友相处时，是否能维持定力，是否能如实接纳这个世界的暴力与温情，接纳它的卑劣与勇气。我们会发现自己竟然能开放到无法想象的地步。

菩萨道的训练鼓励我们热情地涉入生活，而不认为某种情绪或行为是不值得悲悯和关爱的，也不认为任何人或任何情况是不能被接受的。因此走在这条道路上需要纪律，也需要引领。**至于能接受多深的引领，这才是关键所在。**因为没有一套狭隘而受制的教条，所以在我们走上岔路的时候，必须有一个值得信服的人来点醒我们。

不论我们做了什么，老师通常都能适应，而且对我们的觉醒始终充满着忠诚的关怀。这位训练有素的老师就像一面镜子一般，精准地映照出令我们感到难堪的真相。愈是信赖自己、信赖老师，愈是能允许这面镜子充分发挥它的映照功能。我们会逐渐允许每一个我们所遇见的人变成自己的导师。我们会发现自己愈来愈明白修心七要的忠告：对每一个人感恩。

然而这并不意味着应该把老师看成最有智慧的人，而我们则一无所知。这样的假设之中往往有过多的期待和恐惧。如果我被要求永远不许质疑自己的老师，很可能当不了太久的学生。老师一向鼓励我善用自己的批判头脑，无惧地表达自己的思想。事实上，老师总是建议我们向权威和教条提出质疑。

老师和学生的心必须相印，而不是一味地认为老师全对或全错，重要的是有能力看到两种观点之间的暧昧性，并且有能力包容不确定性和矛盾性，否则我们的奉承将不可避免地翻转成幻灭。当老师不符合我们的预设时，内心就产生了排斥感。我们不喜欢他的政治理念或是他吃荤、饮酒、抽烟的习惯。我们感到孤立无援，是因为我们不喜欢道场的指导原则改变了，或是觉得自己不被人欣赏及关注。一开始的蜜月期，我们对这份关系充满着理想化的渴望。接着不可避免地，我们的期待一定会转成失望，于是尚未解决的情绪问题就出现了。我们觉得自己被利用了，或是被人出卖了。我们不想去感受这些痛苦的情绪，于是一走了之。

真正的重点永远在于如何对治自己的心念。一旦形成合理化自己或谴责别人的固执思想，我们的心就会变得非常狭小。任何一种形式的封闭都会助长痛苦。我们固执的观念可能是“老师永远是完美无缺的”，或“老师是个骗子，他永远不值得信赖”，这两种想法都是在冻结自己的心。我们总喜欢高谈空性或了了分明而开阔的心胸，然而自己是否真能安住在理想幻灭的情境中？

即使真的离开了自己的老师，如果能安住在那份痛苦和失望的感觉中，而不形成合理化自己或谴责别人的反应，那么，那位老师仍然教会了我们一些事。在这种情况下进行修持，可能最足以说明修心七要中的一句话了："在心神涣散时如果还能修行，便称得上有修为了。"（译注：传统的译文为"散能住即成"。）

与道友共修，我们将学会无量的爱心——无条件的爱与被爱。这样的爱我们并不熟悉。我们都想得到这样的爱，但是在给予爱的时候都有困难。以我的例子而言，我学会了透过观察老师来给予爱和被爱。每当我看到他如何无条件地爱别人时，我就相信他也是爱我的。我亲眼看见了"永不放弃任何一个众生"的真谛。

很久以前发生了一件事，那件事带给了我很深的影响。乔伊是创巴仁波切的资深弟子，他有些情绪上的问题，并且干扰了周遭每一个人。仁波切似乎不太理睬其他学生对乔伊的抱怨。有一天乔伊痛斥某个女人，甚至打了她一记耳光，那时仁波切才大声命令乔伊："出去！我要你立刻出去！我不想再看到你这张脸了！"乔伊非常吃惊地离开了。其他学生聚集在仁波切的身边，异口同声地对他说："我们真高兴你把他遣走了。他昨天和今天早上的行为实在太恐怖了……谢谢你让他离开了这里。"仁波切却正颜厉色地对我们说："我想你们有件事没弄清楚——乔伊是我最要好的朋友之一。"当时我的感觉是，只要能帮助我们觉醒，就算是站在急驶的火车前他都愿意。

这份对己对人的无条件承诺，就是所谓的无尽的爱。老师对学生的爱往往以慈悲来示现。这份对彼此的热情和默契，促成了心心相印的师生情谊。只有这样的爱才能调伏冥顽难驯的众生，帮助培训中的菩萨超越他们的极限。**与道友的关系往往能启发我们以无惧的心去探索整个现象世界。**

第二十二章 过渡期

禅的奥秘只有几个字：不是永远如此。

——铃木禅师

我们需要一些训练才能将安乐彻底放下，但事实上，“没有任何东西可以执著”就是快乐的根由。我们一旦承认自己什么也掌控不了，自由的感觉便出现了。碰到想逃避的事物时，这样的心境可以帮助我们穿透障碍和甲胄。

不过，它也可能导致“不知到底该怎么办”的感觉，一份处在过渡期的感受。从某一方面来看，我们对吃、喝、抽烟等享乐行为已经彻底厌倦，我们对所有的信仰、理念和各式各样的“主义”，也完全失去了兴趣，但另一方面我们又期待外在的享受能带来永恒的快乐。

处在这个过渡期，精神勇士必须花许多时间学习和成长。我们可以不计任何代价，总想重获过去从吃披萨或看录像带中所得到的慰藉。但即使这些事情能带来一点快乐，却远远抵不过我们的痛苦，尤其是在生命陷落时。假设发现自己罹患了癌症，吃披萨是不可能让自己的心情好转的。如果某一个我们所爱的人死了或离开了我们，这时任何一种外在的享乐都显得短暂而微不足道。

前人早已告诉我们，趋乐避苦是徒劳无益的。我们也早已听闻觉醒的喜悦和众生一体的真相，而愿意信赖心中的空性。但是攸关这过渡期的心理状态——再也无法从外在获得昔日的享乐，也没有能力长久安住在静定和热情中——却所知有限。

焦虑、心碎和脆弱易感，是过渡期常见的心理征兆。一般而言，这个阶段是我们最想逃避的。**其中的挑战就在是否能安住于中间状态，而不形成挣扎及抱怨。**在这个阶段要学习的是把心调柔，而不是让自己变得僵固与恐惧。愈是能贴近这种令人不安而茫然的状态，我们的心就会愈柔软。我们的勇气一旦增长到足以安住在此中间状态，慈悲心就会自然生起。如果有能力不知道，也不希望知道，更不做出自己知道什么的样子，我们真正的力量就生起了。

然而，想要获得一点慰藉乃是人之常情。我们总觉得，如果能判断情况是对或错，或是能得到任何承诺，我们的心就回到以往所熟悉的立足点了。但是某个东西撼动了我们的惯性模式，这些反应已经解决不了任何问题了。安住在易变的情绪能量，逐渐地，感觉比发泄或压抑要舒服多了。这个没有尽头的柔软地带就是所谓的菩提心。**安住在其中便是一种疗愈。**它能让我们放下自我重要感。精神勇士就是透过这样的方式而学会了爱。

每一次静坐，我们要训练自己的就是安住。看到心中生起任何东西，只要抱持着善意去觉知一下，便立刻放下。念头和情绪总是生生灭灭，其中的某些念头和情绪显得格外逼真。我们对那种搅扰不安的觉受往往感到很不舒服，总是想尽办法摆脱它们。然而我们要反其道而行，以友善的心情鼓励自己专注于呼吸，安忍住烦躁不安的情绪。这就是慈悲心的基本训练，也就是继续不断地安住在当下，不断地把心敞开。要安住在中间状态，必须学会接纳事情既对又错的矛盾本质，包容某人既坚强而富有爱心，但又时常发怒、紧张和小气。如果发现自己达不到理想的标准，在那个苦闷的时刻，我们会谴责自己，还是接受人性的矛盾本质？我们是否能原谅自己，并觉察到内心的柔软与善性？当某人激怒我们的时候，会不会开始谴责对方？或是压抑心中的反应而对自己说："我应该做个有爱心的人。我怎么可以紧抓着这些负面念头不放？"修持就是要安住在不安的感觉之上，而不形成固执的观点。我们可以静坐，进行自他交换，或是看一看浩瀚的天空——任何一种可以促使自己安住在边缘地带而不形成固执观点的方法都可以采用。

每当我们发现自己处于不适及恐惧的心境，或是想要反驳某人的观点，或者听到医生督促我们做体检时，都会发现自己想要谴责，选一边站，或是想找个立足之地。我们总觉得自己应该得到解答。我们想抓住过去所熟悉的观点。**对一名精神勇士而言，"对"与"错"都是同样极端的观点。**它们都会阻碍我们与生俱来的智慧。站在十字路口不知去向的时候，就要安住在波罗蜜多中。对精神勇士而言，站在十字路口是很重要的训练。只有站在这个地带，那些冥顽不化的观念才会消融。

我们不可能突然有能力包容似是而非的矛盾性，因此老师才会鼓励我们花一生的时间来面对不确定性、暧昧性和不安全的感觉。安住在中间的状态，能够让我们无惧地面对未知，面对生死。**中间状态是最好的训练场，其中的每一分每一秒都可以让精神勇士练习放下。**当时我们的感觉是沮丧，还是受到鼓舞，其实并不重要。我们永远不可能做得完全正确，所以慈悲、友爱和勇气才会那么重要：它们提供了真诚对待自己的资粮，然而又深知自己永远都处在过渡期。唯一存在的时间就是当下，未来则是完全不可预料的开放状态。如果持续修炼下去，我们会超越小我那不断追求舒适的习性。我们会逐渐发现自己已经成熟到能够包容非假非真、非垢非净、非好非坏。但首先要学会欣赏那丰富无比的无依无恃的状态，并安住于其中。

听闻有关这过渡期的法教是相当重要的事，否则我们会以为精神勇士的旅程不是这样就是那样，不是卡住便是解脱。**然而真相是**，大部分的时间我们都处在中间地带，这个滋味无穷的状态，便是成就你的地带。彻底安住于其中——稳定地经验当下的清明自性——这就是所谓的解脱了。

发愿回向文

我愿将此生所成就的德行，包括本书可能带给读者的助益，完全回向给一切众生。

愿众生的痛苦能减少。

愿战争、暴力、忽略、漠视以及上瘾的倾向能减轻。

愿众生的智慧与悲心都能增长，包括现在与未来。

愿我们都能清楚地见到，我们在人我之间树立的屏障犹如梦境一般虚妄。

愿我们能接纳所有现象的圆满本性。

愿我们能一直敞开心胸，永不停歇地利益一切众生。

愿我们能趋近那些令我们惧怕的地带。

愿我们都能过着精神勇士的生活。

附录

相关练习

阿底峡修心七要

译注：本译文采用菩提图书馆印行，张惠娟居士翻译的《修心七要》。亦可参照众生出版社发行的《修心七要》。

一、修学诸加行

1. 修习各种前行法

二、正修菩提心

修胜义菩提心

2. 思诸法如梦

3. 观心性无生

4. 对治亦自解

5. 道体住赖耶

6. 中间修幻夫

修世俗菩提心

7. 杂修二取舍　彼二乘风息

8. 三境毒善根

9. 诸威仪持颂

10. 取次从自起

三、取恶缘成菩提道

11. 罪满情器时　恶缘成觉道

12. 报应皆归一

13. 修一切大恩

14. 乱境观四身

15. 空护为至上

16. 随现遇而修

四、归纳为一世修持

17. 总摄教授心　应修习五力

18. 大乘死教授　五力重威仪

五、修心所成之量

19. 诸法摄一要

20. 二证取上首

21. 恒当依欢喜

22. 散能住即成

六、明修心三昧耶

23. 恒学三总义

24. 欲转住本位

25. 不应说残肢

26. 全莫思他过

27. 先净重烦恼

28. 断一切果求

29. 舍弃毒食

30. 莫学直报

31. 莫发恶语

32. 勿候险阻

33. 莫刺心处

34. 牦载莫移牛

35. 不争先得

36. 不作经忏

37. 天莫成魔

38. 乐因莫苦求

七、明修心学处

39. 诸瑜伽修心

40. 诸导护修一

41. 初后做二事

42. 二境皆应忍

43. 二事舍命护

44. 当学三种难

45. 取三主要因

46. 修三无失坏

47. 成就三无离

48. 于境无党修　遍彻底善习

49. 于怨敌恒修

50. 不依赖余缘

51. 今当修主要

52. 不应颠倒

53. 不应间辍

54. 应坚决修

55. 观择令脱

56. 不应自恃

57. 不应暴戾

58. 不轻喜怒

59. 莫著声誉

发四无量心

愿众生具足安乐及安乐因

愿众生永离苦恼及苦恼因

愿他们永不离失无苦之乐

愿他们远离爱欲、侵略性和偏见而永住平等心每一个愿文都代表一种心量：第一句是友爱，第二句是慈悲，第三句是喜乐，第四句是平等心。我有时喜欢将“他们”改成“我们”，强调我们应该和众生一起经验四无量心的裨益。

友爱练习

传统上友爱修习的愿文如下：愿众生具足安乐及安乐因。

1. 为自己觉醒心中的友爱：愿我具足安乐及安乐因。或者你可以用自己的话来发愿。

2. 为自己所喜欢的人觉醒心中的友爱：愿____具足安乐及安乐因。或是以你自己的话来发愿。

3. 为某个朋友按照以上的愿文或自己的话发愿。

4. 为毫不相干的人觉醒心中的友爱。（愿文同上）

5. 为难以相处的人觉醒心中的友爱。（愿文同上）

6. 将友爱的范围扩大到包容以上所有的人。（这个步骤称为“消解屏障”）愿文如下：愿我、我所爱的人、我的朋友、不相干的人、难以相处的人，都具足安乐及安乐因。

7. 将友爱拓展到全宇宙。你可以从家人开始发愿，然后逐步扩大友爱的范围：愿众生具足安乐及安乐因。

发慈悲心

此项练习所采用的是四无量心第二段的原文，“愿众生永离苦恼及苦恼因”。和友爱练习一样要按照七个步骤来修持。

1. 为自己发慈悲心：愿我能永离苦恼及苦恼因。或是以自己的话来发愿。

2. 为自己所疼爱的某人或宠物发慈悲心：愿____永离苦恼及苦恼因。或是以自己的话来发愿。

3. 为友人发慈悲心。（愿文同上）

4. 为不相干的人发慈悲心。（愿文同上）

5. 为难以相处的人发慈悲心。（愿文同上）

6. 为上述所有的人发慈悲心。（愿文同上）

7. 为宇宙众生发慈悲心。先为家里的人祈愿，然后逐步扩大范围：愿众生永离苦恼及苦恼因。

你可以按照这七个步骤发欢喜心和平等心。愿文不妨以自己的话来说，或是依照四无量心第三段的“愿我和众生永不离失无苦之乐”来发愿。也可依循四无量心第四段的平等心发愿：愿我和众生远离爱欲、侵略性和偏见而永住平等心。

三个发愿的步骤

愿我具足安乐及安乐因

愿你具足安乐及安乐因

愿众生具足安乐及安乐因

你可以善用这三个发愿的步骤来觉醒慈悲心、欢喜心和平等心。当然，你永远都可以用自己的话来发愿。